Tras el muro

Samuel Schmidt y Carlos Spector

Tras el Muro

Samuel Schmidt y Carlos Spector
Primera edición revisada, 2014

Portada: El constructor, de Noe Katz
Fotografía de Samuel Schmidt: Miriam Libhaber
Fotografía de Carlos Spector: Sandra Spector

© Samuel Schmidt y Carlos Spector, 2014

ISBN 13-978-1505695946
ISBN 10-1505695945

Samuel Schmidt shmil50@hotmail.com

Carlos Spector spectorimm@yahoo.com

Dedicado a

Nuestros migrantes que se pusieron a salvo del holocausto

Los nuevos migrantes que se ponen a salvo de los autoritarismos

"Descubrí que estaba profundamente integrada en la identidad del refugiado en general una sensación dinámica de dolor, sufrimiento, y perdida que emergía ocasionalmente para sumergirse de nuevo, y cambiar de intensidad con el tiempo, pero afectaba a *todos* los refugiados personalmente y por los años venideros. Verdaderamente, la universalidad de esta pena, no solamente para estos refugiados sino para todos los emigrantes y exiliados, ha sido descrita por los psicoanalistas León y Rebeca Grinberg ... que escriben Metafórica y psicológicamente, "el que se va muere y también los que quedan atrás. La sensación de duelo con el que cada parte responde a la separación puede ser comparada con la de la muerte de un ser querido. La asociación inconsciente entre partir y morir es extremadamente intensa".
Leo Spitzer. Hotel Bolivi

Contenido

Introducción

Cruzaba yo la frontera entre Ciudad Juárez y El Paso en automóvil, un agente me preguntó que qué traía y yo respondí que mis compras (groceries). ¿Qué groserías?, tuve que refrenar la tentación de decirle una de las buenas. El agente me hizo abrir la cajuela, busco entre las bolsas y sacó un chayote.

- ¿Qué es esto?

- Un chayote.

En tono de triunfo por haber descubierto que intentaba yo pasar un producto "ilegal" me dijo:

- No está permitido.

- Si lo está.

De comprobar que yo estaba equivocado él podía sostener que mentí y me podía multar por intentar meter contrabando y de paso me causaría un par de horas de molestia y pérdida de tiempo. Frente a mi seguridad al sostener que llevaba a Estados Unidos un producto legal, dudó, se llevo el chayote para consultar con dos agentes más, los tres se fueron a buscar a otros dos agentes y después de inspeccionar con mucho cuidado el chayote, los CINCO llegaron a la conclusión que no estaba entre los productos prohibidos. Regresó derrotado a devolverme el chayote, el que estuve tentado a tirar después de tanto manoseo.

(Testimonio de un habitante transfronterizo que vive en un lado de la frontera y trabaja en el otro).

El asunto del chayote sucedió después del 11 de septiembre desde cuando se determinó cuidar la frontera con mucho cuidado para que los terroristas no fueran a meter una bomba atómica en un carro, o aguacates o chayotes que representan un serio peligro para la seguridad nacional de Estados Unidos.

El lector no se vaya a confundir, los agentes no sospechaban de una granada disfrazada de chayote, sino simplemente estaban intentando frenar la entrada de productos prohibidos para proteger a la economía de Estados Unidos, los economistas lo denominan restricciones fitosanitarias, que implica que se la entrada de productos en base a criterios sanitarios, aunque o se puede sostener estos criterios son por fuerza científicamente correctos, aunque tienen una lógica económica, tómese ejemplo el caso del aguacate mexicano que no pudo entrar durante más de cincuenta años porque Estados Unidos sostenía que tenía una mosca en la semilla que había desaparecido de México desde casi todo el siglo XX. El aguacate mexicano es mucho más barato que el californiano, así que la barrera protegía a los agricultores de ese estado.

El caso es que una garita de la línea fronteriza estuvo bloqueada mientras cinco agentes revisaban con mucho cuidado UN chayote. No queda la menor duda del celo con que los agentes estaban cuidando la frontera garantizando la seguridad nacional de Estados Unidos, después de todo el servicio de inmigración es la agencia gubernamental estadounidense que más ha crecido en las últimas décadas. Cuenta el habitante fronterizo: "Después que todos perdimos el tiempo una agente se me acercó para que le dijera cómo se cocinan los chayotes". Este abuso, podrá ser menor en comparación otros que sufren cotidianamente los fronterizos documentados y los inmigrantes indocumentados, pero muestra el clima que el gobierno de Estados Unidos esta creando en los contactos cotidianos en la realidad bi nacional.

En este libro abordamos la política migratoria de Estados Unidos buscando explorar la dimensión humana de la inmigración. Muchos de los casos relatados todavía están en proceso legal, y aunque su solución normalmente es negativa y con consecuencias nefastas para las personas involucradas, debemos mantener la confidencialidad para proteger la identidad de las personas. Es por esto que a menos que se indique lo contrario, los nombres son ficticios, ya que no sería difícil que la migra amplíe su venganza en contra de estas personas que no obstante sufrir el maltrato y abuso, las autoridades estadounidenses todavía esperarían a que guarden silencio. Es el caso de una persona de Guinea que murió en condiciones sospechosas estando bajo custodia de Immigration and Customs Enforcement (ICE) y sus parientes decidieron que no demandarían por miedo a las represalias de la agencia migratoria.

En este libro le damos voz a aquellos cuyas vidas se han hecho añicos, no pretendemos mostrar casos aislados con calidad excepcional sino como ejemplos del nivel excesivo al que se ha llegado al deshumanizar la política migratoria. Los inmigrantes sufren varios abusos, un sistema rapaz que los ha despojado de oportunidades, y gobiernos y funcionarios que se regodean con ataques que saben de antemano destruyen vidas humanas y familias, que justifican por una supuesta defensa de la legalidad. Hoy los inmigrantes indocumentados y sus familias, detenidos y deportados requieren de asistencia psicológica, el hecho de cruzar los pone en un estado de tensión, la detención los somete a un trauma emocional y la deportación provoca sufrimiento. Se sostiene que a eso se exponen al actuar en los márgenes de la ley, pero es pertinente inquirir si acaso la ley –hecha por personas falibles y con intereses específicos- es adecuada para cuestiones sociales profundas que no se corrigen con un marco legal y en cambio este mismo complica la situación socio-económica, creándose un círculo vicioso.

El gobierno de Estados Unidos resuelve e tema etiquetando a los migrantes de criminales y sostienen que merecen el mayor castigo posible, sin atenuantes, ni siquiera e. Mencionemos el caso de Beatriz, una joven con problemas de salud mental que fue detenida y enviada a la cárcel municipal en El Paso, Texas. La ropa que le entregaron le rozaba la piel, ella no podía mejorar su vestimenta (ni siquiera le dieron una chamarra y era invierno) porque todo adentro de la cárcel se vende y ella no tenía recursos. Los abogados de un despacho local hizo depósitos a su cuenta para que pudiera "comprar" condiciones mas dignas en el penal pero estas no mejoraban, hasta que se dieron cuenta que el personal carcelario se estuvo robando el dinero al saber que la mujer era indocumentada y que tarde o temprano –como sucedió- sería deportada.

La constitución de Estados Unidos determina que no se puede infligir un castigo extremo y cruel, sin embargo, como veremos a lo largo de este libro, esta y otras violaciones constitucionales son la norma en el trato a los inmigrantes, y aunque no se les juzga dos veces por el mismo delito, si se les castiga más de una vez por el mismo "delito", que consiste en cruzar sin documentos para trabajar.

Una de las consecuencias del nuevo giro que ha tomado la política migratoria consiste en que paulatinamente, desde 1996, se han afectado las garantías constitucionales que protegían a cualquiera que pisa territorio estadounidense, y el trayecto no ha terminado, los promotores más recalcitrantes del aislamiento de Estados Unidos y los controles inmigratorios, intentarán, avanzar para afectar valores que se consideraban sacrosantos, como la unidad familiar. Lo que debe preocupar a la sociedad estadounidense es que los derechos que hoy se les conculca a los inmigrantes, mañana se le quitarán a todos hasta que lleguemos al punto en que no habrá constitucional que esté garantizada.

En la frontera se construyen las bases de un sistema policíaco que atenta contra la libertad y no solo de los inmigrantes indocumentados: Todos los derechos están sobre la mesa y se pueden afectar. Algunos consideran que Estados Unidos a un sistema fascista y que el tema migratorio está sirviendo para imponer la restricción a las libertades en Estados Unidos, en que no tardará. Hay cambios a la ley y cambios a las políticas de aplicaciones legales y ambas parecen ir empeorando. La pregunta sin duda es, ¿si habrá alguien que pueda introducir algo de sensatez en este proceso?, ¿podrá revertirse el impacto pernicioso de asumir ciertos aspectos de la vecindad como si fuera una guerra, o cerrar la puerta a los foráneos como si todos fueran "criminales" en potencia? Se pierde más de lo que se gana al envenenar la percepción del otro en la relación bi nacional.

En la búsqueda de la lógica detrás del endurecimiento y de la diseminación de una política y sentimiento de rechazo, nos hemos encontrado similitudes muy preocupantes con la construcción ideológica de la política nazi de exterminio; Friedlander (2007: 25) cita a Landau-Czaka: "La comunidad judía contribuye a la desmoralización de los polacos, les quita los empleos y el ingreso y destruyen nuestra cultura nacional", si cambiamos judía por mexicana o inmigrante indocumentado (illegal alien) encontraremos este pensamiento en los argumentos que utiliza hoy una buena parte de la derecha estadounidense.

Intentamos mostrar que hay conductas y políticas que no parecen tener ningún sentido para el interés o bienestar general. Usando el slogan que se usó en la película **Todos los hombres del presidente** ("http://www.imdb.com/name/nm0001587/" Alan J. Pakula 1976) nos atrevemos a sugerir que hay que seguir el rastro del dinero para entender quienes se benefician del clima anti-inmigrante. Más allá del hecho que algunas comunidades se arrepienten de la persecución porque están perdiendo mano de obra y mercado de consumo al correr a los inmigrantes, alguien, está ganando mucho dinero, lo que sugiere que unos pocos han convencido a muchos de que su seguridad corre peligro, que al explotar la paranoia engrosen sus bolsillos y apuntarse un gran triunfo ideológico. Por lo que toca al despojo de los inmigrantes es casi inevitable trazar una línea desde la inquisición cuando a las autoridades eclesiásticas les preocupaba antes que nada, quedarse con el patrimonio de los acusados de judaizantes (ver un relato estremecedor en Aguinis 2003); el régimen nazi entendió que le sería de gran provecho despojar a los judíos de todo antes de expulsarlos y ahora alguien esta medrando con el despojo a los indocumentados cuyos bienes se congelan y sus familiares son encarcelados. Fuertes intereses se han apoderado del negocio del encarcelamiento y se ha creado una fuerte actividad económica alrededor del litigio para la protección de los inmigrantes.

En este libro se leerán historias de terror, y tal vez encontremos episodios de crueldad donde el abuso parece no tener límites. Presentamos historias reales de lo que sufren los que se fueron del terruño, algunos pelean para evitar que los regresen derrotados, y no evitan ser sobajados y humillados. No sabemos que duele más, si al bloqueo contra los que aplican su mejor esfuerzo por ser útiles e integrarse, o el avance del odio irracional. Contra de lo que dice la ultra derecha estadounidense los que llegan a sus puertas no son la escoria de la tierra, son gente con un gran espíritu de lucha y un gran tesón para sobreponerse a la adversidad que generó un sistema que no prioriza justicia social, que los explota pero se resiste a recibirlos excluyéndolos como si fueran un peligro, y hace a un lado las evidencias sobre su gran contribución económica, social y cultural.

Paradójicamente, aquellos que enarbolan la compasión religiosa han aprobado que refuerzan un clima de intolerancia, exclusión, odio, racismo, xenofobia, construyendo una condición política que criminaliza a un fenómeno socio-económico, y que en vías de empeorar. ¿Estaremos al principio de un camino que todavía va a generar mucho sufrimiento?

Las señales que envía el sistema político han facilitado el surgimiento de iniciativas como "luces sobre la frontera" o grupos enfermizos como los Minutemen que salieron a cazar mexicanos porque para ellos los inmigrantes no son seres humanos. La base de todo racismo es deshumanizar a la víctima para eliminar el remordimiento cuando se le pisotea.

Hemos formulado que se considere a os inmigrantes como refugiados económicos y ahora agregamos climáticos; su traslado se debe a la ausencia diferenciadas un sistema de explotación que despoja a la gente de oportunidades, de un futuro promisorio y hasta de un salario digno. Estados Unidos es parte fundamental del sistema que ha agravado el empobrecimiento de la sociedad al imponer condiciones que producen el despojo de los empledos y especialmente de las economías periféricas disminuyendo las oportunidades de crecimiento armónico y el logro de un nivel de vida adecuado, orillan a las ciudades y países a competir para ser más competitivos castigando los salarios, deteriorando los mercados de consumo introduciendo un factor de inviabilidad económica, los empresarios se llevan los empleos hacia donde existen salarios de hambre, propician una competencia de la pobreza por atraer las oportunidades de empleo precario. Las ciudades y países se pelean empleos mal pagados, para los que dan concesiones fiscales y económicas que no se destinan para mejorar los servicios para sus ciudadanos, así se llega a la paradoja de tener empleados de tiempo completo que viven bajo la línea de pobreza. Los pobres de la periferia que no logran oportunidades de empleo emigran para pelear por empleos mal pagados. El ciclo perverso de empobrecimiento genera emigración y el traslado de la pobreza y esos mismos empresarios tratan de cerrar las puertas a los migrantes; la globalización y la lógica del capitalismo –ahora calificado de salvaje- ha ubicado en los suburbios de grandes urbes como Paris y Chicago a pobres similares a los de las fabelas de Brazil, los slums de Shangai (Zizek 2008) o las zonas marginadas de México; hemos visto a pordioseros mexicanos solicitándole limosna a mexicanos de mejor nivel en las calles de El Paso, Texas y frente este fenómeno mundial los países que atraen mano de obra responden diseñando estrategias policiaco-militares para cerrar los flujos de personas que ayudan a crear.

Los inmigrantes deben alcanzar de inmediato el nivel de ingreso y bienestar que existe en Estados Unidos, y en sus países de origen la diferencia en el pago de trabajo igual deje de ser de 10 a 1 respecto a Estados Unidos. El movimiento feminista –con razón- ha protestado porque las mujeres ganan entre 10-20% menos que los hombres y nosotros encontramos que un empleo que en México –en algunas maquiladoras- paga un dólar la hora, en Estados Unidos paga entre 12-15 dólares. El economista León Bendesky decía que solamente se podía explicar la gran riqueza de algunos mexicanos en base a la gran pobreza de la mayoría de los mexicanos y siguiendo su planteamiento agregaríamos, que solamente es posible explicar la gran riqueza de Estados Unidos en base a la gran pobreza de los países que están bajo su área de influencia. México ha incrementado su dependencia de Estados Unidos y sigue siendo su patio trasero[2] lo que preconiza la continuidad de la asimetría y sus peores efectos, incluida la migración.

Si Estados Unidos es parte de la causa de la pauperización de los mexicanos debe ser parte de la solución, sin embargo, prefieren gastar anualmente miles de millones de dólares en "law enforcement", o sea, medidas policíacas y la construcción de un muro fronterizo, sin considerar que la cooperación económica puede elevar al norte de América a una altura de bienestar y bonanza que lo convierta en el cuerno de la abundancia y con eso frenar la inmigración. El desarrollo del mercado –con equidad y distribución adecuada de la riqueza- puede resolver uno de los problemas sociales más sensibles de nuestra era.

Hemos esbozado un plan para invertir mil millones de dólares al año en proyectos de desarrollo en cinco de los principales estados expulsores de población, el desbordamiento de esa inverson impactaría a la región circundante abriendo oportunidades económicas aceleradas, en menos de cinco años (cinco mil millones de dólares es menos de lo que gastó Estados Unidos en controles migratorios en 2010) habría un despegue económico que aceleraría el mercado de Estados Unidos, frenaría la migración y posiblemente atraería a mucha gente de regreso a México trayendo consigo el conocimiento logrado en su estancia en ese país. Pero entonces ¿quien hará los trabajos que los estadounidenses rechazan en su país, ya sea porque están cómodos viviendo del seguro social, porque evitan el trabajo duro y extenuante o porque la paga es baja? Si llegamos a esa situación podremos empezar a hablar en otro lenguaje entre las partes, estableciendo prioridades como la elevación de la calidad de vida en los países expulsores y receptores de población y creando un flujo de trabajadores para que los que se vayan lo hagan por su deseo y no porque las circunstancias los expulsan, nos unimos a la demanda del derecho de migrar y el derecho de quedarse. No nos referimos a soluciones autárquicas ni al sellado de los países, abogamos por relaciones económicas complementarias que coadyuven a generar economías viables.

Somos conscientes de la reacción negativa ante este tipo de propuesta. A las autoridades en ambos lados de la línea les atrae muy poco una propuesta que parece provocación: si los mexicanos no emigraran de donde sacaría dólares el gobierno mexicano para estabilizar una política económica que beneficia a los privilegiados, y de donde sacaría Estados Unidos mano de obra barata para mantener a raya su inflación y ser competitivo a nivel mundial. Paradójicamente la emigración indocumentada beneficia a ambos lados de la ecuación, sin embargo, los que se benefician de la misma, no facilitan la apertura del diálogo para tratarla de una manera humanitaria.

Para que un plan de esos funcione se requiere la voluntad política de ambos gobiernos, cosa que tiene muy poco atractivo para aquellos que han formulado políticas que han empobrecido a amplios segmentos de la población en ambos países, maniobrando ideológicamente para proteger sus intereses. Esta manipulación logra que el discurso racista en Estados Unidos sea atractivo para la parte de la sociedad mas empobrecida en Estados Unidos ocultándoles la realidad de su condición poniéndoles un nuevo "enemigo" al frente, los discriminados históricamente se han vuelto discriminadores. Aquellos que creen que los mexicanos llegan a "robarles" los empleos, no se dan cuenta, que los empleos los perdieron hace mucho, cuando se pusieron las bases para el rápido y escandaloso enriquecimiento de unos cuantos y el horroroso empobrecimiento de muchos a ambos lados del Río Bravo, y también se ha arraigado entre los segmentos medios que ciegos ante las evidencias, sucumben ante el discurso explosivo de los dispersores del odio que alertan en contra del peligro de la "morenización" de Estados Unidos y del "riesgo" de decadencia cuando los mexicanos sean mayoría y se inicie un mestizaje que los WASP[5] siempre han rechazado.

Este libro señala una parte básicamente legal del problema sin descuidar los aspectos políticos y sociales. La migración es una realidad mundial incontrovertible, la esencia de la sociedad americana –en el contexto real del término-, y sobre ella se deberá construir el clima de convivencia con una buena parte del mundo en el siglo XXI y sin duda tendrá su expresión más inmediata en la vecindad entre México y Estados Unidos.

I. Criminalizando la migración

"Mi problema es que estoy sano" así definió Jacinto el vía crucis que está pasando en su relación con las autoridades migratorias de Estados Unidos. Es un hombre de 72 años, fuerte, sano, trabajador de la industria de la construcción. Al morir su primera esposa se casó con Cecilia con quien lleva 8 años felizmente casados. A ella se le ocurrió un buen día arreglar sus papeles para dejar de vivir indocumentada en Estados Unidos y para tal efecto tuvo que salir hacia Ciudad Juárez, donde se encuentra el único consulado que concentra la emisión de visas de inmigrante, ella desconocía que en el momento de salir del país para atender la cita que le había dado el servicio de inmigración, activaría un castigo determinado en la ley como sección 212 (9)b sobre la presencia ilegal en Estados Unidos; ésta determina que el castigo será de cinco años sin poder entrar al país si una persona esta indocumentada menos de un año pero más de seis meses, pero si permaneció en el país más de un año el castigo se incrementa automáticamente a diez años. En el momento de llegar al consulado ya tenía un castigo que le evitaba entrar a Estados Unidos por diez años.

La ley estableció la posibilidad de solicitar lo que comúnmente se conoce como perdón (I-601 *waiver*) y para conseguirlo hay que demostrar que la persona sufre de un daño extremo (*extreme hardship*); pero como Jacinto está sano no puede demostrar ese daño. Para ICE no importa la afectación en el matrimonio ni que por su edad podría suceder que muera sin volver a verla. Tampoco es extremo que un hombre trabajador tenga que mantener dos casas, una en Estados Unidos y otra en México donde se encuentra Cecilia; ni el elevado costo de los viajes para poderse ver, o las llamadas de teléfono de larga distancia. El castigo empobrecerá a Jacinto, pero eso no es extremo para los burócratas estadounidenses, para ICE, Cecilia es una criminal que violó la ley.

La definición de *hardship* (daño)⸱ se ha ido construyendo legalmente por el congreso a lo largo de cincuenta años, pero judicialmente se ha interpretado por los jueces haciendo que sea cada vez más difícil de demostrar. No obstante la preeminencia de la unidad familiar en la filosofía estadounidense, ellos sostienen que no se ha presentado evidencia sobre el impacto que tendrá la deportación en el sufrimiento de la gente. Los estándares han cambiado y solamente existen tres casos en que se ha interpretado lo que constituye este daño y en ninguno se ha tomado en cuenta el impacto de la deportación en la integración familiar.

En el ámbito de la ley hay tres niveles de daño, daño *per se* (*hardship*), daño extremo (*extreme hardship*) y daño excepcional; los jueces prácticamente han optado por ignorar el primer nivel y se han concentrado en la exigencia de demostración de los dos niveles mas elevados. Separar a una familia, dejar niños sin padre, sin madre o separados de ambos –lo que puede implicar una orfandad virtual- no es un daño excepcional. A los abogados les cuesta trabajo poder montar la defensa de un deportable porque la demostración ha entrado a un terreno arbitrario y subjetivo que cada día es más difícil de rebatir, lo único claro es que la política, la ley y los jueces se han endurecido. Si consideramos que los jueces tienen pretensiones políticas y buscan una promoción, esta usualmente se basa en la revisión de su desempeño y este se concentra básicamente en la dureza de sus sentencias y no en la justicia impartida. El juez debe interpretar al pie de la letra las leyes, pero esta limitado por una guía de sentencias, que aunque la Suprema Corte recién determinó que se puede ignorar, los jueces saben que cuando busquen promoverse se analizara con lupa cada sentencia donde se hayan separado de la guía. Así no obstante saber que están cometiendo una injusticia, inflingirán un castigo desmedido para no afectar sus posibilidades políticas futuras.

La ley y los jueces han hecho cada vez más difícil demostrar el daño que se le causará a los deportables o a los castigados. Por un lado la ley que fijaba el daño y el daño extremo, ahora ha establecido el daño excepcional y este es muy difícil de comprobar, porque el deportable tiene la responsabilidad de demostrar hasta que nivel llegará el sufrimiento propio y de los suyos. Además de la barrera económica que dificulta contratar expertos que atestigüen sobre el sufrimiento o la dificultad que vivirá el deportado, los jueces y funcionarios migratorios se han deshumanizado – junto con la ley- al considerar los distintos casos.

Como muchos de los procesos en la ley inmigratoria, el del *waiver* también parece haber sido diseñado por Kafka. Se solicita cuando alguien permaneció en Estados Unidos ilegalmente y se le activa el castigo, pero la persona debe esperar a que se lo notifiquen aunque sepa que lo necesita, porque de no ser así, si se adelanta en la solicitud lo rechazarán y habrá perdido el tiempo. Se ha dado el caso que el funcionario consular rompe la solicitud de perdón porque no lo han solicitado. La persona primero debe ser rechazada por un funcionario consular e ir a pedir perdón a otra dependencia, lo rechaza el departamento de Estado y lo perdona el Departamento de Seguridad Interna (DHS por sus siglas en inglés). Del momento del rechazo a la solicitud de perdón tienen que pasar tres días y la solicitud solamente se recibe con cita. Pero como el diablo está en los detalles, resulta que en esta actividad hay rezago. Santiago Burciaga, supervisor en el consulado de Estados Unidos en Ciudad Juárez quien está a cargo de las visas de inmigrantes, presentó datos un poco contradictorios en una reunión, dijo que en 2007 se presentaron 10,800 (en otro momento de esa conferencia dijo que eran 18,400) solicitudes de perdón de las cuales el 55% fue aprobada, este porcentaje bajo del 75%. Reconoció que tienen un rezago de 12,000 solicitudes. En virtud que el congreso les ordenó cancelar el rezago iniciaron un nuevo programa que aseguraba una cita entre 65 y 130 días, en lugar de los 365 días que tarda ahora, pero como descubrieron que algunos empleados del consulado vendían las citas decidieron cancelar el programa sin una opción para resolver el problema. Un solicitante ciego a quién la esposa le ayudaba en el trabajo, al ser ella deportada intentó infructuosamente conseguir la cita por medio de su abogado quien insistió durante un mes sin suerte, aunque el solicitante no lo dice, se sospecha que una pequeña propina hizo el milagro de derrotar un sistema ineficiente. Para el 2008 se esperaban 18,000 solicitudes de perdón con lo cual el rezago se incrementó.

El gobierno en ningún momento permite que el juego sea sencillo. Cuando una persona es rechazada en el consulado, se le entrega una forma y se le indica que vaya a entregarla al United States Citizenship and Immigration Services (USCIS) del DHS, pero no se le informa que el llenado debe hacerse con declaraciones complementarias y presentando evidencias, de tal manera que provea información para mejor representar su caso asegurándose que el gobierno conozca las circunstancias específicas de su caso; el vacío de información, que parece deliberado, provoca que muchos solicitantes vayan con un notario quien llena la forma requerida. El notario en los Estados Unidos por ley tiene prohibido dar consejos legales, cosa que no hace, y si llena mal la forma siempre puede aducir que el no aconsejó nada. Así que si la persona tiene pocas posibilidades de ser perdonada y entrega una forma sin el respaldo necesario, sus posibilidades se reducen; siendo mal pensados y posiblemente no haya otra manera de ver este proceso, podemos percibir que ante la imposibilidad legal de negar el derecho a pedir perdón, la postura anti-inmigrante de los agentes migratorios, se traduce en dar una orientación incompleta o deficiente cuyo resultado será el rechazo.

El abogado se enfrenta al hecho de ver que las circunstancias indican un muy probable rechazo, el cliente insiste en tratar de agotar todas las posibilidades y no quedarse con la sensación de que no se hizo todo lo posible. Esto ha abierto las puertas al abuso legal porque no falta el abogado venal que presente falsas esperanzas para cobrar honorarios por el trámite, esto se agrega al trato indigno en el consulado y de la migra como si por ser indocumentado o simplemente mexicano, se fuera criminal y mentiroso.

La sal sobre las heridas es que para pedir el perdón hay que sacar un número PIN que cuesta diez dólares, la llamada para solicitar la cita se hace a un costo de 12 pesos por minuto o 1.25 dólares si llama desde Estados Unidos.

En el mejor de los casos la respuesta a la solicitud de perdón tardará por lo menos un año. Lo mismo sucede con la solicitud de información sobre el estatus de una petición migratoria, ésta tiene que hacerse burocráticamente por medio del *Freedom of Information Act* (FOIA) –ley de libertad de información- que es el recurso para que el gobierno libere información. Si el abogado quiere saber que documentos tiene el gobierno de un inmigrante para proceder en la representación del mismo, el gobierno responderá en un año. Estamos frente a un caso de ineficiencia burocrática extrema o ante un tinglado que despoja a los inmigrantes de todos sus derechos, o ambas.

Carmen tiene 65 años de edad, fue deportada por estancia ilegal superior a un año, y según la sección 212(a)(9)(B)(ii) de la ley recibe un castigo de diez años, ella pidió perdón antes de ese plazo, pudo haber aducido la remoción o haber salido del país, pero este llegó denegado un año después, la negativa se debió a que ella adujo como daño la separación de su pareja y dificultades financieras, pero éstas no son suficientes para demostrar el peso de la prohibición, se requiere demostrar impactos más extremos, así sin definición, porque al ser indefinido se facilita la arbitrariedad de un juez o un funcionario consular.

Un caso extremo al que han llegado los funcionarios de ICE es el de un ciudadano libanés casado con una ciudadana estadounidense. Mientras solicitaba el perdón se encontraba en un campo de refugiados en Líbano junto con su esposa e hijo, ella sufría de cáncer de pecho y ambos cayeron en depresión y otros males psicológicos; la demostración de daño extremo no se basa en criterios fijos e inflexibles y le rechazaron el perdón. Sin juzgar sobre sus circunstancias, lo acusaron de fraude, en la apelación el funcionario nunca demostró el fraude. Posiblemente pensaba que si toda la familia estaba junta en el campamento de refugiados entonces no hay sufrimiento. Llevando el argumento al extremo se podría pensar que un funcionario de estos le podría decir a una víctima de exterminio masivo, si son varios millones sujetos a lo mismo, entonces no hay sufrimiento excepcional.

La sección 212 (9)C se aplica a aquellos que violan la ley en más de una ocasión, esto es, una persona que entró indocumentada más de una vez, con lo que activa de inmediato un castigo de diez años sin perdón.

César es alcohólico, gracias a su esposa dejo de tomar, el matrimonio fue la asidera para que fuera a AA y se mantuviera sobrio durante varios años, su deportación o la de su esposa lo volverá al alcoholismo, eso para los jueces no es caso extremo y un argumento que usaran es: "si has sido capaz de mantenerte sobrio no hay razón para que no continúes igual solo". Las circunstancias sociales, familiares, económicas pierden importancia para funcionarios y jueces que ven a los inmigrantes con frialdad, desprecio y si nos apuran un poco, agregaríamos que con odio.

Uno de los temas importantes es la educación. Si deportan a los padres, los hijos que son ciudadanos tienen la opción de quedarse solos en Estados Unidos, si tienen suerte caerán en las manos de alguna familia que los cuide aunque sin ninguna garantía, o en alguna institución pública, también podrán quedar en las peores condiciones posibles y que su futuro se convierta en una pesadilla. La otra opción es volverse con los padres a su lugar de origen donde no tienen referencias, marco social o recursos para desenvolverse en una realidad totalmente nueva y desconocida. Tómese el caso de un niño mexicano que tiene que entrar a secundaria, que escasamente habla el castellano y que está desfasado en los conocimientos respecto a los demás niños, si bien le va, al regresar se rezagara uno o dos años con el consiguiente impacto a su auto-estima, su capacidad de socialización y se podrá deprimir pudiendo llegar en un caso extremo al suicidio; debe agregarse a esta situación el estigma social que sufrirá como "foráneo" y el escarnio que tendrá que sufrir al no estar integrado socialmente. No obstante este cuadro frustrante para ese niño, para el juez no es daño excepcional, y él se escuda en que el estándar del daño cambió aumentando la carga comprobatoria.

Le preguntamos a un pediatra muy destacado, ¿supongamos que un niño es enviado a Aguascalientes –pudo haber sido casi cualquier otro estado- y tiene una afección renal, qué le pasa?, su respuesta aunque no fue inesperada nos dejo fríos: "se muere". El riesgo a la salud tampoco se considera como un factor de daño excepcional y si consideramos que en muchos casos los padres salieron de pequeños pueblos y rancherías sin servicios, al regreso el impacto será muy severo.

Argumentar y demostrar el daño psicológico no es suficiente, así como tampoco se puede argüir que habrá un daño a los hijos porque fueron deportados, de hecho las autoridades migratorias estadounidenses con gran frialdad sostienen que los inmigrantes entran al país y tienen hijos con el exclusivo propósito de no ser deportables, ese fenómeno que se da en la mente de los funcionarios ha encontrado un espacio en la construcción discursiva al que han denominado **anchor babies**, bebes ancla. O sea que la gente carece de sentimientos, de emociones, se reproduce con el propósito exclusivo de evitar la deportación, los inmigrantes tienen la culpa de tener hijos. En el pasado, tener hijos ciudadanos era un factor para evitar la deportación, pero ahora ya no lo es.

La culminación de este sistema de castigo es el intento de entrada ilegal repetida (*attempted illegal re-entry*) que ilustraremos con el siguiente caso:

José es alcohólico, tiene 55 años y vivía en Illinois, en una ocasión un amigo le pidió que lo acompañara a una casa de donde recogieron a dos personas que resultaron ser inmigrantes indocumentados, esto sucedió en 1983 y le produjo una condena de dos años por transportar gente, delito que en ese momento no estaba clasificado con severidad, hoy constituye un delito mayor. Al término de la condena fue deportado. El se fue a Guadalajara donde vivió veinte años trabajando como taxista haciéndose cargo de sus padres ancianos, hasta que un buen día su patrón lo envía a Ciudad Juárez a comprar un carro para usarlo como taxi. Se fue de farra con un amigo y ya borrachos deciden seguirla en El Paso, al llegar al puente internacional solicitó la reposición de su tarjeta de residente, y mintió cuando le preguntaron si previamente fue deportado, dada su intoxicación etílica dice que piensa irse a trabajar cerca de sus hermanas en Illinois. Cuando revisan en el sistema sale que fue deportado, fue acusado de intentar entrar ilegalmente, fue detenido y enviado a la cárcel. Es claro que se le pudo decir que no podía entrar y enviarlo de regreso, pero los agentes prefirieron meter a otro mexicano a la cárcel.

Para los castigos existe una guía federal que establece un sistema de puntos; para una primera violación es un puntaje de 8 que equivale de 0 a 6 meses de prisión; en el caso de José por el nuevo delito se le agregan 16 puntos con lo que la condena se eleva de 37 a 46 meses de cárcel. Así agregando agravantes se puede llegar hasta los 20 años de prisión.

El abogado le pidió al juez que se saliera de la guía en virtud de haber atenuantes como por ejemplo el alcoholismo y el hecho que al sostener a su madre –la que murió mientras él estaba encarcelado- él no tenía intención de quedarse en Estados Unidos. Indicó también que la falta que había cometido había sido un cuarto de siglo antes pero la retroactividad de la ley inmigratoria lo pone como un delito grave. Saliendo de la audiencia el abogado voltea y dice: ¡GANAMOS!, pero José no puede entender que el triunfo lo envíe a la cárcel por 24 meses, la condena recibida le ahorró 22 meses de prisión. El triunfo consiste en que el juez aceptó separarse de la guía y redujo la condena, aunque igual lo castigó. José estuvo en la cárcel cinco meses antes de ser sentenciado, recibirá cuatro meses de reducción por buena conducta, no entrara a un programa para alcohólicos porque de acuerdo a la guía no estará detenido el tiempo suficiente para gozar de ese privilegio, con lo cual tendrá que pasar detenido quince meses adicionales. "Un precio muy alto por una borrachera" dijo el abogado. Lo irónico del caso es que en teoría, José podría arreglar sus papeles estando en la cárcel porque el delito de transportar inmigrantes no anula ese derecho.

El avance de la legislación de inmigración cambia la política y la transformación de la política cambia la ley, siempre en una espiral descendente; los criterios de aplicación de la ley se modifican incluyendo un componente político de arbitrariedad independientemente de quién se encuentre en el poder. En general se han disminuido los beneficios y elevado los castigos; se ha ampliado la definición de lo criminal que castiga a los trabajadores y empleadores. La parte clave de la política es la criminalización de la inmigración.

Entrar sin inspección ahora es delito. Llegamos así al punto en que hay más gente apresada y más tiempo de cárcel. Según el gobierno de Estados Unidos el número de acusados y procesados por ofensas migratorias aumentó de 6,605 en 1996 a 15,613 in 2000 y para el 2006 ya se llegaba a 1,206,457 deportables que podrían recibir condenas de cárcel. El tiempo promedio que los recluidos pasaron en prisión paso de 4 meses en 1986 a 21 meses en 2000. El 57% eran mexicanos; 7% ciudadanos de Estados Unidos; 3% chinos y 28% de otras nacionalidades. El 13% liberados de la prisión durante 1995-97 fueron readmitidos en los 3 años posteriores a su liberación, el 77% por una nueva ofensa, el 22% por violar su supervisión y 1% por otras razones. Al ser liberados fueron deportados y la única manera que tenían para reunificarse con sus familias era entrar sin documentos, y es así que este manejo legal en lugar de prevenir "el crimen" crea las condiciones para que este suceda y se repita. Más de dos tercios de los acusados con una ofensa migratoria habían sido arrestados previamente, el 36% había sido arrestado por lo menos en 5 ocasiones, 22% de 2 a 4 veces y 12% una vez.

Brané y Lundholm (2008: 147) mencionan que el aumento en la detención de indocumentados ha sido explosivo y en la última década su número se ha triplicado. Las detenciones con frecuencias son innecesarias y arbitrarias; con la detención se limita el derecho al proceso justo y las condiciones de la detención equivalen a violaciones a los derechos humanos. El National Immigration Project (30 abril 2008) da a conocer que en el 2007 el DHS detuvo aproximadamente a 300,000 personas en base a acusaciones de violaciones inmigratorias no criminales, denuncia el mal trato y las pésimas condiciones de encarcelamiento.

El DHS se ha convertido en el mayor carcelero en el mundo, cuyo sistema de prisiones registra el mayor crecimiento en el orbe y no intenta mejorar el servicio carcelario, no le rinde cuentas a nadie y sostienen ser una dependencia con un desempeño impoluto, basado en el argumento de que la ausencia de quejas demuestra un buen servicio, aunque se cuidan mucho de decir que no admiten las quejas, las desaniman, toman represalias y amenazan a la gente que podría quejarse.

El número de sentenciados por faltas migratorias se ha elevado de una manera escandalosa mientras que los sentenciados por drogas ha disminuido. Como se ve en la tabla I en términos nacionales los sentenciados por temas migratorios aumentó de 18.6% a 24.5%, mientras que por drogas disminuyó de 40.5 a 35.5%. Desglosado en los cuatro estados fronterizos, en California los casos de drogas bajaron de 31.9 a 30.4 mientras que los de inmigración pasaron de 34.3 a 35.9%, en Texas los casos de inmigración pasaron de 31.9 a 51.2%, mientras los de drogas se reducían de 45.9 a 30.3%. En el caso de Nuevo México los casos de inmigración alcanzaron al 65.5% de los casos sentenciados y en Arizona los porcentajes de los sentenciados por drogas e inmigración no sufrieron mayor cambio. En otras palabras: para mantener a la familia hay que ser criminal.

Tabla I
Sentencias por crimen (Estados fronterizos)

	2006					2002				
	Nac	CA	TX	NM	AZ	Nac	CA	TX	NM	AZ
Drogas	35.5	30.4	30.3	24.2	30.5	40.5	31.9	45.9	37.4	30.4
Inmigracion	24.5	35.9	51.2	65.5	51.4	18.6	34.3	31.9	48.3	51.1
Otras	40.0	33.7	18.5	10.3	18.1	40.9	33.8	22.2	14.1	18.4

Fuente: US Sentencing Commission.
http://www.ussc.gov/ANNRPT/2002/SBTOC02.htm

En contra del argumento sobre la baja calidad moral de los inmigrantes, Butcher y Piehl (2008) demuestran en un estudio hecho en California que al lugar donde llegan inmigrantes baja la criminalidad y concluyen que no se puede asociar la inmigración a la criminalidad.

Para agravar más la situación encontramos que la entrada también se ha dificultado para documentados, en el 2007 el consulado de Ciudad Juárez que procesando 130,000 visas de inmigrante anualmente rechazó el 25% de las solicitudes, un incremento espectacular considerando que solamente unos años atrás rechazaba el 2%, fuentes consulares dicen que este incremento se debe a que ahora revisan mejor los documentos y detectan aquellos que son falsos, como las actas de nacimiento, versiones anecdóticas dicen que el rechazo se basa en nimiedades y en ocasiones simplemente, con un está rechazado, sin ninguna explicación. Para septiembre de 2007 tenían un rezago de 41,000 casos. Posteriormente el rezago se redujo, en parte por presión política de grupos sociales y asociaciones de abogados a partir de una orden del congreso, lo que demuestra que con voluntad la rapidez de los trámites es posible, o sea, que podemos sospechar que el rezago es resultado de la falta de voz de la comunidad y/o una forma de castigar a los que buscan la inmigración documentada, así como a los que tienen la posibilidad de defensa legal en contra de la deportación.

Otro de los abusos en el terreno de la migración documentada es el de la visa laser, porque por 130 dólares la gente compra el derecho a una entrevista y un rechazo muchas veces caprichoso e irracional que en Ciudad Juárez asciende al 70%. Una mujer fue rechazada por carecer de medios económicos, no obstante ser estudiante de medicina e hija de un abogado muy notable de Ciudad Juárez que la mantiene mientras ella realiza sus estudios. En el 2005 Carlos Spector era dirigente de la American Immigration Lawyers Association (AILA) en El Paso, Texas, reveló en su programa de televisión donde respondía a preguntas sobre inmigración, que no había nada que hacer para defender a los solicitantes de la visa laser porque el consulado había cancelado la entrada de abogados al consulado para defender a sus clientes y aunque la ley obliga a informarle al solicitante las causas del rechazo, los funcionarios consulares se negaban a hacerlo, así que como parte de la lucha para que los funcionarios del consulado de Estados Unidos obedecieran la ley, Spector lanzó una carta abierta que se publicó en El Reto (21 enero 2005), concluyendo que frente a la "politización del tema por el consulado la única arma disponible era la politización societaria" (la carta completa en el apéndice D).

Frente al nivel del abuso se creó una organización de rechazados de visa laser que ha logrado la revisión de ciertos casos, pero no ha eliminado los rechazos masivos, que además han convertido el proceso en una mina de oro para Estados Unidos y en un fraude fenomenal, sin embargo, el gobierno mexicano mantiene silencio.

Otro abuso a los documentados es la línea exprés -SENTRI-, que consiste en un carril (Tijuana) o un puente (El Paso) para los que cruzan frecuentemente, el costo es superior a los 400 dólares anuales y es cancelada por Estados Unidos ante cualquier falta nimia, como por ejemplo que el interesado se olvide la tarjeta de usuario o lleve restos de una manzana, fruto prohibido.

Para asegurar que la ley se aplique de una manera rigurosa y con el mayor nivel de castigo posible, se ha manejado políticamente el aparato judicial de tal forma que se combina con las demás acciones del movimiento anti-inmigrante. En un boletín de prensa del Departamento de Justicia de Estados Unidos (abril 4, 2008) se anuncia el nombramiento de once jueces de inmigración, de estos, diez fueron fiscales del servicio de inmigración, lo que anuncia que sostendrán una interpretación rígida de la ley y una postura anti-inmigrante. En el caso de El Paso, Texas, una ciudad con 80% de hispanos, y donde el 43.7% de las sentencias son por "crímenes" inmigratorios, en los dos años que culminan en junio de 2008, se nombró a 3 jueces nuevos, de éstos uno era juez en la marina, otro era fiscal federal en temas migratorios con componente criminal, y el tercero era un abogado litigante al servicio del gobierno, éste último fue escogido por encima de su jefa que era una eminencia en ley inmigratoria pero era hispana, cerrándosele la puerta a una posible juez que pudiera simpatizar con los inmigrantes. Es claro que en este terreno las fuerzas anti-inmigrante han ganado y han creado una situación que no se revertirá por lo menos en los próximos treinta años y eso si entonces hubiera la voluntad política para hacerlo, ya que estos nombramientos son de por vida y el tiempo de servicio promedio de estos jueces es de 25 años. Lo mismo está sucediendo en el terreno de las sentencias por diversos crímenes donde los jueces republicanos imponen sentencias prolongadas, como el caso de un juez en Lubbock, Texas conocido como Judge Max porque sus sentencias son lo máximo posible. Sin duda más de un mexicano ha sufrido esta desviación en el manejo de la ley y en refuerzo de la injusticia.

II. La exclusión

El caso de José (capítulo I) pudo haberse manejado como exclusión. El agente de inmigración goza de discrecionalidad para indicarle el camino de regreso a quien todavía no ha entrado al país, sin embargo, optó por meterlo para encarcelarlo.

La ley inmigratoria contempla la posibilidad de prohibirle a alguien la entrada al país, al contrario de la expulsión o deportación no se le admite, aunque esta opción opera en contra del inmigrante –documentado o indocumentado- porque queda una marca en su record. El concepto exclusión fue cambiado a no admisibilidad pero en esencia quiere decir lo mismo. El concepto de inadmisibilidad consiste en no permitir la entrada a alguien y se extiende al caso de una persona que puede estar dentro del país y no ha sido formalmente admitido, por lo que se le pueden aplicar las cláusulas de inadmisibilidad. Uno puede ser inadmisible en el puente o cualquier puerto de entrada, pero puede activar las cláusulas o sea las condiciones para no ser admitido al hacer trámites de cambio de status estando dentro del país.

Para el **ajuste de status migratorio** hay dos normas: hacerlo en el consulado por medio de un **proceso consular** o adentro de Estados Unidos haciendo un **ajuste de status**. Cualquiera de éstos dos le impone a la persona la responsabilidad de demostrar que no es inadmisible. Pero la inadmisibilidad es una ficción, porque las autoridades inmigratorias suponen que una persona no está en el país al no haber sido admitida. Tómese por ejemplo el caso de Víctor que recibió un permiso de entrada en base a una cláusula humanitaria que es una **entrada condicionada**, porque la madre estaba grave en el hospital, pero no había sido admitido.

Hay importantes temas relacionados a las bases de la inadmisibilidad referidas a violaciones administrativas, como puede ser un estudiante que abusó de su visa, y otras de carácter criminal. Es interesante que ambas se traten con el mismo criterio y rigor. Todavía queda una gran distancia entre un estudiante y un contrabandista, aunque las autoridades migratorias miden a todos con el mismo rasero, tal vez porque han etiquetado a todos los inmigrantes como si fueran criminales en potencia. Si un estudiante recibe una visa y se excede del tiempo permitido viola la ley y se convierte en criminal igual que un narcotraficante.

La exclusión acarrea perjuicio en contra de la persona no admitida y conlleva castigos, mientras que la deportación se convierte en una marca indeleble para la persona y se usara en su contra si intenta cruzar o cruza en el futuro.

La exclusión evita que la persona ingrese al país y pueda reclamar los derechos que le corresponden. En el momento que uno pisa el territorio de Estados Unidos adquiere derechos constitucionales y este es justamente uno de los elementos que atiende la ley al excluir a la gente, y en el que están interesados aquellos cuya cruzada es evitar la entrada de inmigrantes y que llega al extremo, como en el caso de los minutemen, de que salgan a "cazar" mexicanos a la línea fronteriza. La premisa es que el **Alien** no debe tener ningún derecho constitucional.

Este componente de la política inmigratoria también se ha vuelto parte del debate y se está acercando peligrosamente al extremo de cancelar derechos constitucionales, para lo que se ha propuesto negarle la ciudadanía a los nacidos en Estados Unidos de padres indocumentados, con lo que se eliminaría el jus soli, o sea el derecho de suelo, que consiste en reconocer la nacionalidad a los nacidos en el país, de esta manera la gente indocumentada, aunque establezca raíces en el país se puede ver irremediablemente expulsada, aún aquellos que nacieron en el país se podrán desterrar.

La exclusión le da un gran poder a los agentes migratorios ya que les confiere la autoridad de evitar que alguien entre al país, y esto lo hacen con arbitrariedad, ya que la ley misma consiste en criterios muchas veces subjetivos, como por ejemplo, si acaso el agente piensa o cree que el inmigrante ha hecho algo prohibido por la ley. Esto por supuesto que no le molesta a los agentes que actúan con injusticia sabiendo que ejercen una impunidad legal para abusar de los inmigrantes documentados e indocumentados. Este aspecto de la ley permite que esta se maneje de manera injusta y abusiva, y se aplica por igual a indocumentados, a personas que tratan de cruzar documentados y a personas que están en el país indocumentados aunque pasaron por una inspección y fueron admitidas y también a quién intenta ajustar su status migratorio. El lenguaje de la ley no deja de ser preocupante, dice por ejemplo que se le puede negar la visa a alguien si un funcionario consular "tiene razones para creer que la persona es inelegible según la ley de Inmigración y Nacionalidad (**Immigration and Nationality Act** [INA]). La clave está en la palabra creer, ¿en base a qué un agente puede creer tal cosa? Según la ley Carlos Salinas debe ser excluido porque siendo niño asesinó a su sirvienta, pero posiblemente ningún agente se atreva a excluir a un VIP, mientras que se ensañan con las personas de "a pie". Algunas personas pueden beneficiarse de una excepción (**parole**) por razones humanitarias urgentes o beneficio público significativo, aunque lo humanitario, no obstante aparecer en la ley, ha pasado a ocupar un lugar muy secundario y su aplicación se ha vuelto cosa muy rara.

Las cláusulas de exclusión están organizadas entre las que se aplican para personas que no fueron inspeccionadas o admitidas;

polizontes; las que no se presentan para procedimientos de remoción; contrabandistas; los que no cumplen con los requisitos de residencia en el extranjero; los que les falta la documentación apropiada, inmigrantes con violaciones migratorias previas; causas de inadmisibilidad relacionadas con la salud: prueba de vacunación, adictos; causas criminales, prostitución, causas de seguridad, terrorismo, seguridad nacional, pertenencia a partidos totalitarios y al partido nazi, posibilidad de convertirse en carga publica, certificación laboral, inelegibles para la ciudadanía, secuestradores internacionales de niños, votantes ilegales, ciudadanos que renunciaron a su ciudadanía, y alguien que acompaña a una persona inelegible.

Como se puede ver están cubiertas todas las áreas, no se aplica en beneficio del inmigrante y se mantienen muchos espacios para la arbitrariedad, como se puede ver en los siguientes casos:

Si un funcionario migratorio determina que falta la documentación apropiada o que hay fraude puede optar por la remoción sin audiencia o sin la intervención de un juez de migración.

Es removible una persona que no asiste a una audiencia de remoción/deportación sin una causa razonable. Hasta aquí suena lógico y aceptable, el problema surge en que quién juzgara lo que es razonable; los agentes de inmigración por lo general asumen una posición arbitraria y parcial contraria a los intereses de los inmigrantes, no hay neutralidad y el elemento definitorio es subjetivo. En el mismo terreno se encuentra el encontrar "falta de credibilidad" en un caso de asilo que se convierte en la base de un fraude en una solicitud posterior. Esa falta de credibilidad queda indefinida y por lo tanto problematizada ya que afecta las posibilidades futuras de una persona perseguida. En otro caso, el agente tiene la "discreción" de perdonar la presencia de esposas, hijas e hijos de ciudadanos, o aquellos cuya remoción resulte en daño extremo para el ciudadano, esposa o padre del **Lawfull Permanent Resident** (residente permanente legal). Aunque como ya vimos, el daño extremo prácticamente se ha abandonado y se le exige a la gente que demuestre el daño excepcional, luego entonces, ese perdón es prácticamente inexistente.

Es inadmisible alguien de quien se determinó que es adicto de acuerdo a las reglas del Departamento de Salud y Servicios Humanos (HHS por sus siglas en inglés), pero con mucha frecuencia esas decisiones se toman con gran velocidad y sin que alguien supervise el cumplimiento de las normas, como lo muestra el caso de Celia que cruzaba la frontera entre Ciudad Juárez y El Paso con documentos migratorios válidos; fue detenida y esposada durante cinco horas, acusada de trabajar sin permiso en un restaurant anunciándole que llamarían a testigos, posteriormente la acusación fue que había sacado un número de seguro social para trabajar, lo que es ilegal con su tipo de visa, y después de ser amedrentada y coaccionada a firmar un documento en inglés, -idioma que ella ignora- diciéndole solamente que ahí se contenían las mentiras que había dicho –o las del agente-, finalmente fue liberada y amenazada que si se presentaba a recuperar la visa se le podía encarcelar porque se le comprobarían las acusaciones. Ella volvió, pidió hablar con un supervisor para presentar una queja, este le devolvió la visa y evitó que presentara la queja, un caso más de abuso sin registro. Este tipo de casos no son aislados y muestran el tipo de subjetividad de los agentes así como sus motivaciones de afectar a los inmigrantes, yendo mucho más allá de los límites de la ley con total impunidad.

También en este terreno la noción de castigo alcanza límites absurdos. Los individuos que son removidos tienen cerrada la admisión por un cierto tiempo, aunque dependiendo de las razones para la remoción, puede llegar a ser permanente. Algunos individuos cuya remoción sea expedita por segunda ocasión pueden estar sujetos a una prohibición para entrar al país por veinte años.

La ley menciona que la demostración de un crimen que involucra la bajeza moral requiere de un intento de hacer el mal. Si los agentes fueran objetivos no tendríamos problema, pero ¿cómo pueden demostrar la intención? Caso similar es el que habla del intento de violar una ley en torno a las substancias controladas. Estas determinaciones deben sustentarse en la acción objetiva y honesta de los agentes, pero la experiencia nos dice que por lo que toca a México y los mexicanos, esto no necesariamente se cumple. Abonando sobre el nivel de arbitrariedad posible, la ley determina que no se requiere de una acusación o condena para que un oficial "tenga razón de creer" –y la ley entrecomilla- que alguien es un traficante y que para que un oficial tenga una "creencia razonable" que el individuo es narcotraficante, debe haber una razón para creer que la persona sabe que las drogas están en su posesión, o en la posesión de alguien a quién el asiste.

Continuando en el terreno de lo subjetivo, la exclusión se aplica a los que solicitan fondos para grupos terroristas; la ley dice que son ofensas de inadmisibilidad si la persona sabía o debía haber sabido la naturaleza del grupo. ¿Y cómo saber en qué condiciones debió haberlo sabido?

En la ley inmigratoria de Estados Unidos nada queda descubierto ni al azar y hasta lo subjetivo y la impunidad institucional quedan cubiertos para cerrar cualquier resquicio por el que el indocumentado pudiera colarse.

III. De la suspensión a la cancelación

> Aquí estoy establecido, en los Estados Unidos
> 10 años pasaron ya, en que cruce de mojado,
> papeles no arreglados, sigo siendo un ilegal.
> Tengo mi esposa y mis hijos que me los traje
> muy chicos y se han olvidado ya de mi México
> querido del cual yo nunca me olvido y no
> puedo regresar.
> De qué me sirve el dinero si estoy como
> prisionero dentro de esta gran nación cuando
> me acuerdo hasta lloro que aunque la jaula sea
> de oro no deja de ser prisión.
> Mis hijos no hablan conmigo, otro idioma han
> aprendido y olvidado el español, pien-san como
> americanos niegan que son mexicanos aunque
> tengan mi color.
> Casi no salgo a la calle pues tengo miedo que
> me hallen y me puedan deportar
> De qué me sirve el dinero si estoy como
> prisionero den-tro de esta gran nación cuando
> me acuerdo hasta lloro que aunque la jaula sea
> de oro no deja de ser prisión.
> **Los Tigres Del Norte - La Jaula De Oro**

La hija de Mario cuenta con siete años, tiene problemas de lenguaje y recibe terapia por medio del distrito escolar en Gadsen, Nuevo México. De ser deportada la terapia se interrumpirá y nadie le garantiza que tenga el mismo nivel de atención, sino que tenga atención. En contra de lo que dirían los anti-inmigrantes, Mario no está abusando del distrito escolar, sino que está recibiendo un servicio que se ha ganado con su trabajo y con su aportación económica. La terapia de su hija no es una concesión graciosa, es un beneficio que se ha ganado. Para garantizarle a la niña la continuación de su educación se tiene que frenar la deportación, pero ICE no lo ve como daño excepcional.

Se llevan a cabo redadas para deportar grupos de indocumentados y la ley ha ampliado la deportación a los residentes documentados, en pocas palabras, hoy todos están en la mira de la migra. En los ámbitos de la ley y la política se han ido cerrando las puertas. Anteriormente para evitar la deportación o cancelar el traslado, era necesario demostrar que la persona había estado siete años en Estados Unidos, que tenía buena conducta moral e indicar el daño extremo al indocumentado o a su pariente inmediato residente o ciudadano. Ahora se debe demostrar que ha estado en el país diez años, que tiene buena conducta moral e indicar el daño excepcional solamente al pariente residente o ciudadano, ya no cuenta el daño al indocumentado. En el pasado se ganaban casos de niños indocumentados que habían estado en Estados Unidos toda su vida, ahora la genialidad malvada de los anti-inmigrantes ha logrado que ya no se consideren esos daños a los indocumentados porque, sostienen, que al violar la ley se han propiciado ese daño a sí mismos. Además en 2009 el gobierno de México firmó un acuerdo con el de Estados Unidos para acelerar la deportación de menores mexicanos, especialmente los no acompañados.

El sistema ha ido perdiendo su componente humanitario y como en todos los sistemas donde hay un juzgador, en este también hay un cierto espacio a la arbitrariedad, pero cuando se trata de inmigrantes, la arbitrariedad combinada con mala fe se impone por encima de cualquier consideración misericordiosa o compasiva.

Algunos de los clientes de Carlos Spector sabiendo que la ley se endurecería, prefirieron ser deportados de inmediato y evitar una pena mayor unos meses más tarde, pero los agentes del servicio de inmigración conscientes del cambio inminente de la ley, no daban citas ni se movían en ninguna dirección: no regularizaban ni deportaban, estaban esperando para infligir un castigo mayor. El abogado llegó con sus clientes a las oficinas de la migra en El Paso, Texas, llevando cartelones que decían arréstenme y depórtenme, los oficiales migratorios con toda la frialdad que los caracteriza hubieran ignorado la demanda a no ser porque el abogado llevó consigo a los medios de comunicación, y entonces no les quedó más opción que cumplir con su trabajo y no poder infligir un daño mayor. Dicen que hay odios que enaltecen y Spector hasta la fecha goza del odio del director de la agencia inmigratoria en ese entonces.

El funcionario pertenece a lo que en Estados Unidos se denomina como el "token", o sea, alguien de un grupo social o étnico que es utilizado como ejemplo de la inclusión y por ende de la justicia e igualdad y por supuesto que se beneficia personalmente, el sistema demuestra que ese grupo es tomado en cuenta. Pero también es el ejemplo de la veracidad del dicho de que para que la cuña apriete debe ser del mismo palo. Su modelo a seguir es uno de sus mentores, un hijo de mojados llegado de Zacatecas, que estando a cargo de la Patrulla Fronteriza en El Paso inventó el sistema de bloqueo fronterizo que se denominó *Hold the line* (detener la línea) que se generalizó en la frontera y cuya finalidad era detener mexicanos con más eficiencia. Aunque se lanzó al congreso como demócrata por El Paso, contaba con el apoyo de la derecha y posiblemente de la migra, a la que beneficia desde su posición legislativa que con el paso de los años se ha vuelto cada vez más influyente. El director de la migra es un hombre de unos sesenta años, mexicano por nacimiento cuyos padres se naturalizaron cuando el ya estaba en las esferas más altas de la burocracia del servicio de inmigración ya que era jefe de la oficina de inmigración en El Paso, desde donde articuló políticas de acoso y agresión contra los mexicanos, posteriormente (en 2008) siguiendo el camino de su mentor intentó ser sheriff de El Paso, elección que perdió al no superar el 3% del voto, pero ya había prestado servicios suficientes a los que odian a los mexicanos. Los odios del funcionario se extienden a todo lo que implique fortalecer una aplicación brutal y descarnada de la ley con un elevado grado de arbitrariedad, porque frente al abuso los supervisores se encargan de dificultar que la gente se queje. Durante su gestión, nos confesó un agente, llegó al extremo de frenar el tráfico en los puentes o instalar obstáculos para hacer más difícil el paso de la gente que cuenta con documentos. Actualmente hay muchos mexicanos en los altos rangos de las autoridades migratorias y en muchas zonas del país el servicio de migración se ha convertido en una instancia de empleo y de movilidad social, de tal forma que parece que la migra es la opción de la clase trabajadora y en la práctica se convierte en salvadora de un proletariado sin opciones de empleo, caso especialmente fuerte en el sur de Texas donde ese tipo de empleo es una salida digna para los mexicanos pobres y desempleados. Alguien dice que se requería de un mexicano para tratar bestialmente a los mexicanos, pero a burócratas como los que hemos mencionado, el mal -¿o será más correcto decir el odio a lo propio?- parece habérseles instalado en el corazón y buscan posiciones políticas para poder hacer más daño.

Con este tipo de personaje en la frontera México-Estados Unidos se ha creado el síndrome del dominador/dominado, donde aquel que se encuentra en los escalones más bajos de la escala social tiene la posibilidad de ascender para dominar/oprimir aunque las nuevas víctimas sean exactamente como él. Es así como uno se encuentra en la línea fronteriza a mexicanos cuya actitud dura, intolerante y abusiva trata de convencer a sus jefes que son lo suficientemente duros e inflexibles y los mejores defensores de la ley y la soberanía; tal vez podrían ser materia para el estudio de sociólogos, antropólogos y psicólogos sobre la discriminación contra los propios, aunque no es una materia ajena al análisis de la implantación de la política inmigratoria ese esfuerzo está más allá del propósito de este libro. Se ha llegado a la perversión de usar a hermano contra hermano para el manejo del abuso en la inmigración documentada e indocumentada, y por lo visto, por lo menos desde la perspectiva del acoso y persecución, ya ha rendido frutos.

IV. El disparo que mandó a dos agentes al bote

La línea fronteriza registra una gran violencia. Cada día aumenta el número de víctimas (tabla II) ya sea por la creación de una ruta de la muerte que avienta a los inmigrantes hacia zonas agrestes, desérticas e inclusive hacia el río o el mar (en San Diego); o por la actitud agresiva e impune de los agentes de la policía fronteriza que disparan sin provocación.

Tabla II
Detenciones y muertes en la frontera suroeste de Estados Unidos

Año	Aprehensiones en la frontera suroeste	Muertes en la frontera
1998	1,516,680	254
1999	1,537,000	241
2000	1,643,679	372
2001	1,235,717	328
2002	929,809	322
2003	905,065	334
2004	1,139,282	328
% de cambio de 1998 a 2004	-24.9%	29.1%
Total	8,907,232	2,179

Fuente: GAO. 2006. Report to the Honorable Bill Frist, Majority Leader, U.S. Senate. ILLEGAL
IMMIGRATION Border-Crossing Deaths Have Doubled Since 1995; Border Patrol's Efforts to
Prevent Deaths Have Not Been Fully Evaluated.
"http://www.gao.gov/new.items/d06770.pdf"
http://www.gao.gov/new.items/d06770.pdf

Mientras las cifras de detenciones van a la baja, la de muertes va al alza. Detuvieron a cerca de nueve millones mientras que asesinaron a más de 2,000, y mientras esto sucedía el gobierno mexicano mantenía un silencio ominoso, tema que manejamos más adelante.

En esta historia de abuso hay casos extremos como el de un pastor asesinado por soldados de Estados Unidos ya que se sintieron "en peligro" porque el joven llevaba un fusil para cazar conejos. Después de esto y de comprobar que no obstante haber movilizado al ejército a la frontera con el pretexto de haberle declarado la guerra al narco y asumir que los indocumentados son narcotraficantes, las fuerzas armadas de Estados Unidos se dieron cuenta que su trabajo no puede ser de tipo policiaco y decidieron retirarse de la zona.

Los abusos no se han terminado y un caso reciente sucedió en El Paso, Texas, cuando dos agentes le dispararon por la espalda a un inmigrante hiriéndolo en el glúteo. Cuando se inicio la investigación, los agentes obstruyeron a la justicia y mintieron, lo que convirtió el caso de una felonía a un crimen mayor.

El congreso controlado por los republicanos aprobó una modificación de la ley (**Firearm Sentence Enhancements**) orientada a castigar con más rigor a los traficantes de drogas, la nueva ley estableció que si se comete un crimen con un arma de fuego, la pena mínima obligatoria es de 10 años de cárcel. En esta circunstancia cayeron los dos agentes de la patrulla fronteriza cuyo crimen fue obstrucción de la justicia y hubo un arma involucrada. A los dos se les ofreció un arreglo extra-judicial pero decidieron presentarse a juicio tal vez pensando en que la defensa política de la derecha los ayudaría a librar la prisión, pero no fue así. De esta manera una ley republicana, un fiscal republicano y una juez republicana no tuvieron más remedio que condenar a ambos a sentencias que van por arriba del mínimo de una década en prisión.

Los dos policías arguyeron que el herido era narcotraficante y que estaban en peligro. El concepto de peligro se usa con mucha frecuencia y funciona porque no hay testigos vivos que digan lo contrario, los agentes policíacos recurren a este argumento sosteniendo que hay una acción agresiva contra ellos, pero el sujeto en cuestión iba huyendo hacia México cuando le dispararon y lo hirieron en el glúteo, ¿dónde estaba el peligro? En señal de broma en la frontera dicen que el lesionado les tiró un gas venenoso. La verdad es que fue una agresión artera y cobarde contra alguien que se había dado a la fuga.

El segundo argumento de los agentes es que era narcotraficante, por lo que es perentorio preguntar ¿cómo lo sabían si iba huyendo?, parece no haber duda que el sujeto corrió en el momento que vio a los agentes como hacen muchos indocumentados. Supongamos que ellos, posteriormente a la balacera, descubrieron evidencias de narcotráfico, tampoco justifica que hayan disparado porque ese conocimiento fue posterior a la agresión, aunque claro está que puede haber la consigna de matar a los narcotraficantes cuando intentan cruzar, de ser así, tendríamos que suponer que existe un registro muy completo de narcotraficantes y que los agentes pueden reconocerlos aún en acciones nocturnas; o quizá haya una instrucción política que cancela los derechos humanos de los inmigrantes en general y los narcotraficantes en particular, porque les estaría arrebatando el derecho de demostrársele la culpabilidad a una persona. Este caso nos lleva irremediablemente a recordar que cada vez que hay un hecho violento y dramático en Estados Unidos, como una balacera en una escuela, el culpable "siempre" termina suicidándose. O tal vez sea el caso de 13 suicidados estando detenidos en un campo de detención de ICE. Son demasiados suicidios como para no prestarles atención, pero como ya los medios se ocuparon de linchar al perpetrador, nadie cuestiona las circunstancias de su muerte, algo similar sucede con los mexicanos muertos intentando cruzar la frontera, son criminales y merecen morir.

Lo que queda claro es que a los agentes se les condenó por mentir, obstruir la justicia, pero no por agredir a un mexicano.

Frente a la condena de los policías se levantaron las voces de grupos republicanos y grupos cercanos a los supremacistas blancos como los minutemen que reclaman se reconozca a los agentes detenidos como héroes nacionales, y cuando George Bush perdonó al funcionario de la presidencia I. Lewis ("Scotter") Libby Jr., ellos exigieron que también se les otorgara el perdón presidencial[8] a los dos agentes, cosa que finalmente sucedió cuando siguiendo una costumbre el presidente emite una serie de perdones antes de salir de la presidencia. Recién iniciado el 2009 los agentes finalmente salieron de la cárcel.

La militarización de la frontera está propiciando que se incremente el número de agentes de la patrulla fronteriza, estos han sido entrenados con una óptica militar y cometen una serie interminable de abusos, porque han sido adoctrinados con una mentalidad bélica y ven a los inmigrantes indocumentados como un enemigo que hay que destruir. En este clima se incluye la política de respuesta armada de los agentes fronterizos y el hecho que cada día sean más los heridos y muertos por la migra.

Todas las señales indican que este tipo de violencia se irá acrecentando. Iniciamos el 2008 con un mexicano asesinado en El Paso y aventado por la patrulla fronteriza al lado mexicano del Río Bravo y en Tijuana disparos de granadas lacrimógenas hacia el lado mexicano y la petición de que fueran devueltas las que no estallaron. Los agentes le han perdido el respeto a la frontera y menosprecian la soberanía mexicana y esto preconiza mayores enfrentamientos, más abusos y un clima candente entre ambos países.

El caso de los agentes es solamente uno entre los muchos casos de abuso y exceso, y como van las cosas, podemos esperar que estos simplemente se incrementen, con la amnistía entregada por George Bush el mensaje del abuso y la impunidad adquiere fuerza.

V. La inmoralidad de la ilegalidad

En un viaje reciente a Austin, Texas, me acerque a la banda transportadora de equipaje y una persona que se sintió agraviada al no escuchar que le dije "excuse me" empezó a reclamar, así mismo deshecho mi explicación de yo haberle pedido permiso para pasar. Ante su intransigencia y tono airado y amenazante le dije que presentara su queja al aeropuerto. Paso seguido otra persona que no tenía nada que ver me empezó a reclamar en tonos muy subidos y con cara de rabia, yo le pregunté sobre lo que iba a hacer, si me quería pegar, y un amigo de él con ánimo más violento me gritó que esto es América; era claro que su rabia se debía a mi fuerte acento español y a que tenían una buena oportunidad de mostrar su racismo, porque supuestamente en América nadie se mete hasta delante de la fila, ni para recoger su equipaje. Testimonio de un viajante.

En el nuevo discurso que trata de disfrazar la conducta kukluklanesca de los grupos que manejan la postura de "Inmigrantes si, indocumentados no" (en Arizona se quiere ampliar la cuota de polacos), supone que se puede engañar a la sociedad sobre su conducta agresiva. Por ejemplo, los Minutemen que habían promovido la militarización de la frontera, han sufrido una escisión de la que surge un grupo que aboga por el uso de mayor fuerza. El nuevo grupo se llama **Cochise County militia**, nombre que se muestra abiertamente como milicia formado en 2001 fijó como misión ser los ojos y oídos de la patrulla fronteriza y sostenían en su pagina web –que ya fue borrada- que habían construido un gran "rapport" con ellos y al identificarlo con el condado que lleva nombre de tribu nativa sugiere como si los dueños originales de esa tierra reaccionaran contra los nuevos usurpadores, oponiéndose a inmigración, su líder ha autorizado a sus miembros a llevar rifles y escopetas además de pistolas. Y no se sorprenda al saber que el gobierno de Estados Unidos o la migra han guardado un silencio cómplice muy significativo, no obstante que son actos abiertamente violatorios de la ley°.

Es indudable el gran avance legislativo y la promoción de diversas ordenanzas que han logrado estos grupos. La iniciativa de ley 187 en California fue aprobada en 1994 con el 58.8% de los votos y prohibía servicios sociales, atención médica y educación pública a los inmigrantes indocumentados, esta era parte de una iniciativa más amplia que se llamaba *Save Our State* (Salvemos a nuestro estado). Aunque fue derrotada en los tribunales por anticonstitucional fue parte de una estrategia legal que paso a paso iba cerrando la puerta a los inmigrantes indocumentados, especialmente los mexicanos que moran en grandes cantidades en ese estado. En noviembre de 2004 la misma ley se aprobó en Arizona.

Dos años después en California se aprueba la iniciativa 209 con el 54% de los votos. Esta prohibía que las instituciones públicas discriminaran en base a la raza, sexo o etnicidad, con lo que se abría la puerta para que terminaran los programas de acción afirmativa, tal y como sucedió. En noviembre de 2006 una enmienda similar se aprobó en Michigan bajo el nombre **Iniciativa de Derechos Civiles**.

En noviembre de 2007 en Oklahoma se aprobó una de las leyes más retardatarias en materia de cancelación de derechos para inmigrantes y se esperaba que los estados vecinos la copien y se adopte por otros estados. En Oklahoma lograron aprobar la ley (House Bill 1804) que criminaliza mover, transportar o tratar de transportar con conocimiento a inmigrantes ilegales dentro del estado. Así mismo es un crimen esconder o dar refugio a inmigrantes ilegales; y dificulta la elegibilidad para conseguir licencia de manejo u otras formas de identificación. Los funcionarios carcelarios tienen que certificar la ciudadanía y status inmigratorio de los detenidos. Esto impacta las fianzas porque se considera un riesgo mayor al indocumentado. Según esta ley los empleados públicos, incluyendo contratistas y subcontratistas tienen que verificar la autorización de empleo de todos los nuevos empleados. Así mismo será considerado discriminatorio despedir a un residente legal mientras se retiene a alguien ilegal en un trabajo comparable, eso requiere que las agencias estatales y municipales verifiquen la presencia legal del empleado para que se reciban beneficios y prestaciones públicas. Se limita la recepción de prestaciones por medio del sistema de verificación de inmigrantes (**Systematic Alien Verification of Entitlement Program**); se avanza estableciendo la obligación para que: ciertas acciones se sujeten a penas criminales; que ciertas entidades entreguen reportes de cumplimiento anuales con lo que es más fácil la supervisión; se tendrá que publicar un reporte anual de errores; retención de un cierto porcentaje del impuesto del ingreso estatal; proveer que algunas personas no tengan el beneficio de educación postsecundaria o colegiatura de residente, con lo que la educación universitaria sale del alcance de los hijos de los trabajadores[10], etc.

Esta ley revierte la posibilidad de que las autoridades locales se rehúsen a aplicar leyes inmigratorias federales y abre la puerta para que la policía actúe como agente inmigratorio, que se le niegue la renta a los indocumentados y que se acorrale a los empleadores para que no los ocupen; esto ha propiciado un éxodo de inmigrantes hacia otros estados. No hay duda que la ultra derecha se ha anotado un gran éxito, porque cuidó la redacción de la ley de tal forma que el ataque contra ella en los tribunales fuera poco efectivo. Oklahoma está empezando a mostrar que **Un día sin mexicanos** (Sergio Arau 2004) puede ser una situación real pero también que se puede intentar ocultar el racismo y entrar a una nueva faceta en la persecución de los inmigrantes: el discurso de respeto a la legalidad, con el que se aprueban leyes cada vez mas draconianas y justifican los abusos en nombre de la defensa de la ley tal y como relatamos en el capítulo VI cuando nos referimos a los agentes migratorios que fueron encarcelados y a los que esta misma ultra derecha reclama como héroes nacionales. Esta corriente ha avanzado al grado que ya ha propiciado la salida de muchos inmigrantes del Estado, y aunque algunos activistas piensan que se ha logrado demostrar el impacto económico negativo, en realidad representa un gran paso adelante por las fuerzas anti-inmigrante que demuestran que se puede avanzar en las medidas anti-inmigrante y contar con un relativo silencio político. No es un detalle menor que el gobernador demócrata de ese Estado haya firmado la ley porque demuestra que el sentimiento anti-inmigrante no solamente es de los republicanos y que la estrategia de la ultra derecha está funcionando.

En Arizona ha avanzado la postura anti-inmigrante. Por un lado el Sheriff Joe Arpaio de Maricopa County ha montado operativos de detención de indocumentados y establecido una cárcel sin las condiciones humanitarias básicas, están bajo carpas con climas que rebasan los 40 grados en el verano, y por el otro la salida de la gobernadora Janet Napolitano hacia el gabinete de Barak Obama abrió la puerta para la aprobación de legislación anti-inmigrante, siendo el caso más sonado el de la ley SB 1070 que establece como crimen no llevar documentos migratorios, le prohíbe a los funcionarios locales la restricción en la aplicación de las leyes inmigratorias federales y se enfoca contra los que contratan, transportan o protegen a inmigrantes ilegales. Esta ley facilita el perfil racial y ha facilitado que la policía detenga a gente que se "ve mexicana". Las medidas de acorralamiento contra los indocumentados están teniendo un efecto boomerang que tendrá un impacto serio en los años por venir. En Riverside, New Jersey se aprobó una ordenanza para prohibir rentarle propiedades a los indocumentados y en breve tiempo la ciudad cayó en serios problemas económicos y eso fue durante un tiempo de estabilidad económica. Hoy hay gente que usa la delación para saldar cuentas personales y hay ciudades donde la gente simplemente se va para evitar la deportación. Ni siquiera en tiempos de recesión se han frenado éstas acciones, porque ya penetrados los espacios locales para agredir a los inmigrantes, la acción de zapa continuara y el impacto legal por su parte será de largo alcance y será muy difícil revertirlo.

Aquí tal vez sea oportuno enfrentar el argumento de aquellos que piensan que de cambiar el partido en el poder esto se revertiría, pero no sucedió así, finalmente, ningún político se atreverá a proponer las medidas correctoras de estas políticas que han penetrado la conciencia societaria, haciéndole creer a muchos que las mentiras de la utraderecha son verdades, además que han penetrado en la estructura legal y han atado a los congresistas y senadores al dinero y la presión política, los promotores de la política anti-inmigrante mantendrán suficiente influencia como para no permitir que se dé marcha atrás en el terreno que ya han conquistado.

VI. Elvira Arellano o La inmoralidad de la ley

Elvira Arellano no tenía defensa legal y solamente le quedaba la acción política para tratar de frenar la deportación, o mejor dicho aplazarla. Perdió la defensa con el cambio de la ley que eliminó la suspensión de deportación (1997) donde había que comprobar 7 años de estancia en Estados Unidos, buen carácter moral y daño extremo **al inmigrante**, o a sus hijos, esposo, padres.

Con el cambio de la ley y que se dejara de contemplar al indocumentado como ser humano, su destino se escribió. La ley inmigratoria no considera que el hecho mismo de la detención, deportación, redadas, o cualquier acción que somete a personas trabajadoras a un código y conducta policíaca como si fueran criminales, genere un fuerte impacto psicológico.

Ella tal vez como muchos indocumentados pensó que las autoridades migratorias se enternecerían al ver que su hijo estadounidense sufriría de ser enviada a México así como el daño irreversible que el sufriría si lo separaban de su madre, o el que recibiría si era deportado junto con su madre. ¿Qué podía responderle ella al niño en caso que este preguntara sobre las razones por las cuales la madre estaba escondida en una iglesia, si ella no le había hecho ningún daño a nadie?

A Elvira Arellano le faltó ver que su caso era solamente uno más, que las autoridades migratorias no tendrían ninguna consideración especial, con el agravante de que en Estados Unidos están convencidos que los hijos se hacen como "un ancla" y por eso, ellos piensan que no caen en el garlito de los inmigrantes y la politización del tema los acorralo.

Era cosa de tiempo y tarde o temprano ella tendría que salir de la iglesia donde estaba refugiada y entonces sí, caería sobre ella todo el peso de la ley porque además había cometido la osadía de desafiar a las autoridades migratorias.

Fue así como vimos un acto de tremenda agresión cuando se lanzó contra ella toda la fuerza policíaca, tenían que acallar esa voz solitaria que los desnudó ante el mundo. Una mujer y su hijo no creaban ningún daño, pero fue el pequeño David contra Goliat, solamente que se reescribió la historia y Goliat aplastó a su retador con un mazazo en la cabeza que no dejaba ninguna duda sobre la energía con que se trataría a los indocumentados, a TODOS los indocumentados. La iglesia fue respetada y mantuvo su condición de refugio de estos perseguidos, pero quedaba claro que su acción termina en el quicio de la puerta.

Fue tal vez sorprendente la respuesta demagógica y oportunista de Felipe Calderón que después de mantener silencio durante un año mientras Arellano estaba encerrada en la United Methodist Church de la calle Division en Chicago (http://en.wikipedia.org/wiki/United_Methodist_Church, http://en.wikipedia.org/wiki/Chicago), al ser deportada ofreció intervenir para que se reuniera con su hijo, cosa que en efecto sucedió, pero en México. Esta actitud de Calderón es recurrente y vergonzosa y la analizaremos más adelante.

VII. Aborto en el campo

El 20 de marzo como a las 3 pm Olga manejaba por el puente Santa Fe de Ciudad Juárez a El Paso dirigiéndose a su casa, al revisarla fue notificada que sería detenida por un incidente ocurrido siete años antes. Se molestó tanto que empezó a sufrir dolores en el abdomen bajo, más o menos a las 10 pm llamaron a una ambulancia que la llevó al hospital donde le notificaron que estaba embarazada y que para su etapa de embarazo ya debía haberse presentado latido del corazón del producto y no lo había. Había comido algo ligero como a las 2.30 pm y no recibió nada de comer hasta las 6 am del día siguiente cuando fue llevada al Centro de procesamiento de detenidos en El Paso, Texas.

Mientras estuvo hospitalizada los dos agentes que la custodiaban, un hombre (Fierro) y una mujer (Recovo) hispanos, se estuvieron burlando de ella diciendo:

Fierro: "Esta estúpida cree que se salvará de ésta pretendiendo que está enferma".

Recovo: "Es otra pinche (fucking) mexicana tratando de cruzar la frontera".

Olga se deprimió por la detención y por la noticia sobre la falta de latido del corazón de su bebe, pidió permiso para hacer una llamada telefónica, pero de nuevo la señora Recovo le respondió:

- Esto no es como en las películas, no podrás hacer una llamada telefónica.

Frente al abuso le pidió a la enfermera una pluma para anotar los nombres de los oficiales en las hojas que le había entregado el médico, pero la señora Recovo le dijo que se callara, le arrebató los papeles y le ordenó que se volteara para que la esposaran con tal fuerza que le hirieron la piel.

Llegando al centro de detención le preguntó al oficial si era cierto que no podía hacer una llamada telefónica y este respondió que si tenía derecho a una llamada, Olga aprovechó para informarle que Fierro y Recovo le negaron tal derecho, entonces Recovo se rió y le dijo:

- Por cierto, ella es muy cabrona. A lo que todos respondieron riéndose.

A la mañana siguiente la registraron en rojo y la mandaron al centro médico donde insistieron en tomarle una radiografía, a lo que ella se rehusó informándoles que estaba embarazada, y la enfermera (Guerrero) le dijo que tenía que tomársela o que se atuviera a las consecuencias, como era que la pusiera en una celda aislada, ella se negó y le dijo que hiciera lo que quisiera, así que en contra de su voluntad le tomó la radiografía. Olga les informó que el doctor de emergencias quería verla en dos días, ignoraron la petición. Ella se sentía fuertemente discriminada porque además la aislaron de los demás, la sentaban a comer separada de los demás detenidos y la agresión no se detenía ante nada. Le negaban un bocadillo en la tarde y cuando finalmente se lo dieron ella les informó que tenía intolerancia a la lactosa y que le cambiaran la leche por jugo como a otras detenidas pero esto también se le negó, al igual que hicieron sin proveerle con cojín, cepillo, sandalias o una chamarra o suéter, siendo que en marzo todavía hace bastante frío en la región. Cuando pedía hablar con alguien para remediar la situación le decían que se aguantara que no había nada que hacer. Las cosas llegaron al extremo que una agente Mejía respondió ante la solicitud de ver al médico:

- Tu estas bien, solamente llevas 5 a 6 semanas de embarazo y tu bebe todavía no necesita un corazón. Ahora resultaba que cualquier carcelera era experta en cuestiones médicas y fisiología.

Cuando se quejó con la Dra. Colón sobre la radiografía esta respondió:

- Vas a estar bien, nadie te puso una pistola en la cabeza.

Al octavo día le dieron una chamarra.

Ella porfió en la queja y más de un mes más tarde llegaron a revisarla y le dijeron que no todos los guardias sabían que estaba embarazada, pero tampoco le decían porque estaba detenida, eso sí, para ese entonces ya le daban medicamentos aunque al ritmo de los carceleros y no de acuerdo a sus necesidades.

El 31 de mayo le preguntó al oficial Gutiérrez si podía ver a su abogado y este respondió:

- Si la doctora piensa que tienes capacidad mental y física lo ves, si piensa lo contrario entonces no.

Por lo visto, la defensa de los derechos de los detenidos se encuentra en el terreno gris de médicos que no atienden regularmente a una mujer embarazada que además había sido diagnosticada con un embarazo problemático. Ella mientras tanto se hundía en una depresión mayor y el trato inhumano de la migra se profundizaba. Para junio cuando vuelve a la unidad de urgencias en el hospital, al regresar uno de los agentes pregunta por ella y dice:

- I know a bunch of fucking bullshit (yo se mucho sobre pendejadas).Y continua: They fucking said from human services that it was inhuman or shit like that (Dijeron los de servicios humanos que era inhumano, o una mierda por el estilo).

Claro que esto se decía en voz alta y de tal manera que ella supiera lo que se hablaba de ella, el acoso no terminaba nunca. En junio ella vuelve a estar aislada en la unidad médica del campo, sin atención, sin poder tomar el sol y con algún calmante ocasional. Para ese momento adquirió una infección y ocasionalmente se le administraba un antibiótico. La petición de ayuda a la Dra. Colón en el sentido que el encierro la deprimía todavía más, tampoco recibió respuesta.

El primero de junio recibiría otra lección de mal trato. Dos agentes (el señor Díaz y la señora Gutiérrez) la llevaron a una cita en urgencias del hospital pero en el camino iban jugando con sus celulares y distrayéndose al grado que tuvieron un accidente vial, a ella la trasladaron a una ambulancia y empezó a sentir fuertes dolores de cabeza.

Cualquier persona, hasta un criminal, tiene derecho a que se le respete pero no para las autoridades migratorias. Es claro que para los agentes una mujer mexicana, aunque este embarazada, no es susceptible de tal respeto y mucho menos a una atención apropiada a su vida y salud.

Olga es una mujer que ha estudiado, creció en Estados Unidos y aprovechó a su favor el entender inglés para saber que iban a hacer con ella y que pensaban de ella y decidió que lo más sensato era mantener este factor oculto. Nada de eso le sirvió para salvar a su hijo. No podemos saber si le hubiera ido mejor si su caso hubiera sucedido después del memorandum del 7 de noviembre de 2007 enviado por Julie L. Myers, secretaria asistente de Seguridad Doméstica instruyendo sobre la forma como deben ser atendidas las mujeres que amamantan y que toca cuestiones relativas a la salud de las mujeres, pero de este caso vemos claramente que el peor trato recibido fue de la médico, que no solamente violó los aspectos éticos de su profesión, sino que pisoteo la dignidad de una detenida.

Si este caso es grave habría que considerar el de los muertos mientras estaban en campos de detención de ICE que en los últimos tres años han ascendido a 66 (Bernstein 2008) sin explicaciones claras. El caso de un detenido de Guinea fue que "se cayó" y salió con fractura de cráneo, fue esposado de manos y pies y dejado en el suelo mientras echaba espuma por la boca. Después de cuatro meses en coma murió. A un detenido se le negó una biopsia y murió de un cáncer que pudo haber sido curado. A otro más se le negó la medicina anti-sida, imaginamos que le era muy caro a ICE. Estos y otros abusos se dan bajo custodia de ICE que es el mayor carcelero en el mundo sin rendirle cuentas a nadie, y uno encuentra muertes sospechosas como las de 13 suicidados en tres años.

Las burlas, el escarnio, el maltrato, son formas de trato cotidiano en el campo de detención y constituyen una violación de los derechos humanos, todo dentro de un marco de falta de transparencia y renuencia a dar cuentas, siendo que el "accountability" es uno de los pilares de la "democracia" estadounidense, que como todo sistema político, también esa democracia tiene sus bemoles y excepciones.

VIII. Las deportaciones masivas

La preocupación de los inmigrantes sobre la posibilidad de deportaciones masivas no ocupó el nivel más alto sino hasta 2007, porque el gobierno se concentraba en deportar a los que eran atrapados tratando de cruzar la frontera y algunos detenidos en el interior de Estados Unidos, pero cada vez más escuchamos sobre redadas en lugares de trabajo y hasta escuelas. Aunque siempre ha habido casos de castigo desmedido y más preocupante todavía, de tolerancia y cooperación del gobierno mexicano al abuso contra los mexicanos en Estados Unidos.

Estamos observando casos constantes de golpes de ICE, cuya finalidad parece ser mantener a la comunidad aterrorizada forzándola, según ellos, a abandonar el país, con lo cual cumplirían con su misión de "limpiar" el país, pero además con costo para los indocumentados. Hay un cierto tufo que recuerda a la inquisición y la política nazi de dar un ultimátum a las comunidades judías forzándolas a malbaratar sus posesiones y salir apresuradamente del país, esto le crea a la comunidad la falsa impresión que se está beneficiando con la desgracia de los desplazados, pero en algunos casos la población ha sentido las consecuencias en el corto plazo; si la experiencia es aleccionadora, el impacto sobre las comunidades podrá ser devastador. En esta operación el servicio de inmigración trata de cubrir todos los espacios, hasta las cárceles[11].

Cuándo el canciller Jorge Castañeda buscaba la "enchilada completa", llegó a Washington y aceptó la tesis estadounidense de que la migración mexicana era cíclica. Los mexicanos cruzaban a Estados Unidos a trabajar, juntaban un poco de dinero y regresaban a sus lugares de origen. Esto era cierto durante los años del "programa bracero" y continuo siéndolo mientras el inmigrante era joven, soltero, con poca escolaridad. Frente a esta dinámica demográfica para los estadounidenses la deportación no cambiaba gran cosa, solamente aceleraba un proceso existente y le tapaba la boca a los grupos anti-mexicanos más recalcitrantes. Pero lo que el funcionario Castañeda no entendía es, que el proceso demográfico empezó a cambiar en los 1980s, coincidiendo con la crisis económica en México, la amnistía de 1986 y los esfuerzos por sellar la frontera en Estados Unidos. Los mexicanos que cruzaban eran familias, más escolarizados y con la intención de radicarse en Estados Unidos. Se empiezan a crear asentamientos mexicanos significativos a lo largo y ancho de Estados Unidos (ver tabla III) y la deportación masiva llegaba a afectar intereses muy profundos en la vida comunitaria en las regiones donde se crearon comunidades mexicanas. Tan era cierto este cuadro que el gobierno mexicano amplió el número de consulados en Estados Unidos, pero Castañeda parecía tener un desorden de personalidad, por un lado decía estar protegiendo a la comunidad y por el otro colaboraba con el gobierno de Estados Unidos para facilitar la deportación.

Tabla III
Estado de Residencia de población inmigrante no autorizada: 2000- 2006

Edo de Residencia	Población	Estimada	% del total		% de cambio	Promedio anual de cambio
	2006	2000	2006	2000	2000-2006	2000-2006
Todos los Estados	11,550,000	8,460,000	100	100	37	515,000
California	2,830,000	2,510,000	25	30	13	53,333
Texas	1,640,000	1,090,000	14	13	50	91,667
Florida	980,000	800,000	8	9	23	30,000
Illinois	550,000	440,000	5	5	25	18,333
New York	540,000	540,000	5	6	-	-
Arizona	500,000	330,000	4	4	52	28,333
Georgia	490,000	220,000	4	3	123	45,000
New Jersey	430,000	350,000	4	4	23	13,333
North Caroli	370,000	260,000	3	3	42	18,333
Washington	280,000	170,000	2	2	65	18,333
Otros estado	2,950,000	1,750,000	26	21	69	200,000

- Números redondeados.
Nota: Es posible que los totales no den a 100 por el redondeo.
Fuente: U.S. Department of Homeland Security

En ese mismo tiempo las leyes migratorias se empezaron a endurecer criminalizando el trabajo y las cárceles se empezaron a llenar de mexicanos. La migra empezó el proceso de detener a los presos liberados y encerrarlos en los centros de detención con el propósito de deportarlos, pero la lentitud característica del servicio de inmigración y el flujo creciente de personas, provocó que los centros de detención se llenaran, se provocara hacinamiento mientras la gente se veía detenida por largos meses y hasta años antes de presentarse ante el juez como lo estipula la ley.

Buscando un mecanismo para reducir la población en los centros de detención, encontraron la manera de hacer expedito el proceso de deportación en El Paso, Texas.

El Servicio de Inmigración tomó como asistente a UNO, una ONG cuyos miembros y empleados se convirtieron en asistentes legales con permiso de entrar al campo de detención para actuar como agentes paralegales, y ellos le preguntaban a los mexicanos con un dialogo similar al que ponemos a continuación:

- ¿Te quieres ir a México ya?

- Por supuesto

- Solamente tienes que firmar esta forma.

La forma estaba en ingles y consistía en la renuncia al derecho de ver a un juez y aceptar las consecuencias de la deportación. Los paralegales no hacían el menor esfuerzo por traducir o que la gente entendiera las implicaciones de la firma, medraban con la desesperación de alguien que después de haber cubierto una sentencia en la cárcel, todavía tenía que esperar encarcelado a que lo deportaran. UNO tenía como meta enrolar la mayor cantidad de gente posible, porque a su organización el gobierno mexicano le pagaba 10 dólares por cada mexicano deportado. Precio nada elevado por cabeza, tal vez en eso valoraba a cada ciudadano la cancillería de Jorge Castañeda.

La publicación en un periódico mexicano obligó al gobierno de México a abandonar el programa, pero no deja de sorprender que se haya establecido una colaboración muy fuerte para acelerar las deportaciones. Estados Unidos midió hasta donde llegaría la tolerancia de México frente al endurecimiento de su política inmigratoria, y esto se extendió a la frontera sur de México, donde el gobierno mexicano hacia el trabajo sucio de detención y demostraba que seguía dispuesto a hacer cualquier tipo de concesión a cambio de NADA[12].

Es muy posible que el canciller no se imaginara que algunos deportados eran sedados por la migra[13], aunque sabemos por el Washington Post que esto se hace desde el 2003, y para que no haya duda de la práctica queda muy claro el memorándum enviado por John P. Torres, director de la oficina de detención y remoción de U.S. Immigration and Customs Enforcement (ICE) sobre la política de escolta de fecha enero 9, 2008, donde dice que de inmediato se prohíbe continuar la administración involuntaria de sedantes para facilitar la remoción de **Aliens** a menos que el gobierno reciba una autorización de una corte. Este acto podría considerarse como un asalto, lo que constituye un crimen, además de ser una violación a la ética médica, esto claro esta no lo dice el señor Torres, y el concepto posiblemente sea demasiado elevado para los estándares morales de los agentes migratorios y las expectativas políticas de Castañeda quien sigue sin condenar estas prácticas.

A la luz de la información sobre la acusación de espía de Castañeda al servicio del gobierno cubano, parece adquirir sentido ver como un político ambicioso, motivado aparentemente por el deseo de ampliar su poder personal, no se estremecía en "vender" la dignidad de sus conciudadanos. Tal vez por eso no habría que sorprenderse de la nula ganancia de México a cambio de los servicios prestados.

La política anti-inmigratoria busca evitar que los mexicanos entren y que los que están ahí se vayan, conforme avanza el tiempo superan sus diseños kafkianos más extremos. En El Proceso de Kafka un ciudadano es procesado sin conocer la acusación. Al parecer siguiendo el modelo, desde 2008 la migra detiene a alguien y en lugar como se hace en las demás ramas de la ley donde la acusación se entrega máximo en 72 horas, a los inmigrantes indocumentados se les entrega entre tres y cuatro semanas y para dificultar el asunto, se le niega el acceso al expediente al abogado, quién tendrá que solicitar una copia a Washington lo que será tardado en detrimento del detenido. Ni siquiera al considerárseles como criminales son tratados como criminales comunes y corrientes, ya que estos parecen tener más derechos. ICE complica los procesos y viola la constitución, en este caso se refiere a la sexta enmienda que otorga el derecho a la representación legal.

Como los burócratas de ICE no pecan de limitados en su implantación perversa de la ley, en lo que parecería el colmo del absurdo, ahora están implantando operativos para detener a los que van de salida (Ponce de León 2008): los detienen, los fichan y los deportan, pero también se da la posibilidad de que al interrogarlos activen algunas de las cláusulas de castigo. Imagínese el siguiente diálogo:

- ¿Has salido del país?

- Sí, fui al sepelio de mi padre.

- Si estás aquí quiere decir que volviste a entrar sin permiso y mereces el castigo de diez años sin entrar al país.

Así que si estás en el país te castigan, si tratas de salir del país te castigan, así el inmigrante que tuvo que "violar la ley" para reunirse con su familia, ahora se ve ante la disyuntiva de quedarse hasta que el colmo de la mala suerte[14] lo haga caer en una redada, o bien, soñando con que cambien las circunstancias y pueda enmendar su estatus. Parece verdaderamente absurdo que se lancen hasta contra la gente que se va, pero, pensamos que podrían ser varias las razones:

1) Están tratando de fichar a todo mundo.

2) Quieren aumentarle el castigo a los inmigrantes.

3) Han presionado tanto por medio de la introducción del pánico sobre la inmigración, que lograron un fuerte crecimiento en personal y fondos y ahora tienen personal de sobra y lo están utilizando.

Por otra parte, este tipo de detención podría funcionar a favor del indocumentado ya que le evitan activar algunos de los castigos, pero se perjudican porque habrán sido deportados.

Hay aspectos de la actual conducta de ICE que remiten a 1986 cuando frente a la inminencia de la amnistía el servicio de inmigración empezó a manejar redadas masivas para evitar la comprobación de permanencia continua y para que el número de amnistiados fuera menos. ¿Acaso estamos frente a una nueva amnistía?, o ¿será que estaban aprovechando la coyuntura de la elección presidencial (2008) para expulsar del país al mayor número posible de gente mientras la sociedad estaba distraída con las campañas? Lo cierto es que según el diputado Edmundo Ramírez, en declaraciones emitidas en el contexto de la reunión interparlamentaria México-Estados Unidos (Sánchez 2008) solamente entre enero y mayo de 2008 fueron deportados de Estados Unidos 300,000 mexicanos, se desintegraron 650,000 hogares y quedaron abandonados en territorio estadounidense 100,000 niños, muchos de éstos seguramente son ciudadanos estadounidenses.

Según cifras del DHS (2009) en los diez años que van de 1997 a 2007 deportaron a 108,434 padres de niños ciudadanos, mientras que en la misma época deportaron a 2,199,138 personas en total o sea que el 4.93% de los deportados tenían hijos estadounidenses. Considérese que normalmente las familias tienen más de un hijo y que esa cifra puede ser más alta porque el gobierno estadounidense no tiene la obligación de incluir información sobre la nacionalidad de los hijos de los deportados con lo que podemos acercarnos a la cifra que aportó el diputado, lo que no es poco.

IX. Follow the money

Como vimos en el capítulo I el número de detenidos y las sentencias por "crímenes" inmigratorios va en ascenso y aunque se ha tendido una cortina de humo sobre la ventaja de perseguir a los inmigrantes, parece quedar claro que el beneficio de las detenciones no es para toda la sociedad, porque como vimos, hay ciudades que ya sufren por la salida de los indocumentados, luego entonces es pertinente preguntar ¿quién se beneficia con el incremento en las detenciones?

La memorable película sobre el caso Watergate, **Todos los hombres del presidente** (1976, dirección Alan Pakula), deja ver claro que en asuntos de alta política, usualmente es pertinente seguir el consejo o la pista que le da el informante a los periodistas que buscan la verdad: *"Follow the money"*, sigue el rastro del dinero y llegaras a entender quien o que se oculta tras determinadas decisiones. Tenemos la impresión que al parecer esa es una de las claves para entender parte de la actual política inmigratoria de Estados Unidos.

Cuando revisábamos el caso de José (capítulo I), parecía incomprensible la conducta de los agentes de migración; era más fácil y menos complicado excluirlo o no admitirlo, decirle dese usted la vuelta y váyase de regreso porque usted no puede entrar, sin embargo, los agentes optaron por meterlo al país para encarcelarlo.

La pregunta inicial a la causa de este tipo de comportamiento puede formularse así: ¿por qué los agentes escogen una opción que resulta mucho más dolorosa para el inmigrante y representa una carga fiscal con el consiguiente costo para la sociedad?

La respuesta usual es que la migra estaba tratando de dar un mensaje muy claro y contundente sobre la aplicación de la ley y que a los mexicanos no les quedara duda de que Estados Unidos es un país de leyes.

Aquellos que se atrevieran a cruzar indocumentados y mucho más los reincidentes, tenían que saber que se atenían a las consecuencias y estas eran muy dolorosas. Esta es una postura ideológica muy socorrida, pero los planteamientos de ICE y la derecha son falaces por muchas razones, entre las que destacan por lo menos las dos siguientes:

1) La gente desconoce la ley aunque sabe que puede ser encarcelada y puede morir en el intento de cruzar, pero su apuesta es cruzar evadiendo los riesgos y peligros, se la juegan a no ser atrapados y si los atrapan fue por mala suerte. Para reducir el riesgo están dispuestas a pagarle a un pollero.

2) Mucha gente ha sido puesta en una situación familiar desesperada y la política inmigratoria en lugar de prevenir lo que ellos consideran un crimen está funcionando exactamente al revés, convirtiéndose en un acicate para que los indocumentados cometan "el crimen" de cruzar para reunirse con sus familiares y buscar un empleo mejor remunerado.

Es posible que los agentes de la migra no consideren que hay una consecuencia fiscal de sus acciones y que ellos simplemente están cumpliendo con su trabajo, que además consiste en la elevada misión de salvar la integridad de la nación, los dominados asumen un rol funda-mental en contra de los "nuevos invasores", aunque el discurso de la defensa de la ley estaría ocultando un factor fundamental, pero ¿cual es este? Pensamos que la clave podría estar en el sistema carcelario creado por ICE que actualmente es el más grande del mundo.

Hay un proceso de privatización de las cárceles y aquellos que se concentran en esta actividad económica están entre los directamente beneficiados en que aumente el número de detenidos y que su encierro se alargue. Entre los grupos que están construyendo y administrando cárceles destacan CCA y GEO. Ambas empresas carcelarias son fuertes donantes de fondos electorales especialmente en estados con políticas de sentencias fuertes. "Por ejemplo, Doc Crants y Thomas Beasley fundadores de CCA, contribuyeron junto con sus esposas con $10,000 a la campaña de Sundquist (Donald Kenneth Sundquist ex congresista y gobernador de Tennessee) en 1998 y otros $30,000 a las compañías de candidatos legislativos en Tennessee, lo que les funcionó maravillosamente como lo ha hecho durante años" (Bender 2000). CCA sabe muy bien manejar los donativos y cuando estos no son aceptados recurre a los cabilderos profesionales para promover una agenda de encarcelamiento de los inmigrantes que a ellos no solamente los salvó de la bancarrota sino que les ha dado a ganar una fortuna, al grado que para el 2006 ya hablaban de ingresos por 1,300 millones de dólares. Un caso llamativo de cabildeo efectivo fue cuando en 2005 invirtieron 3.5 millones en cabildeo desta-cando entre los cabilderos Phillip J. Perry que solo por casualidad es yerno de Dick Cheney que en ese entonces era vice-presidente y posteriormente fue nombrado abogado general del departamento de Seguridad Interna, al año siguiente del nombramiento los ingresos de CCA alcanzaron un nivel histórico[15]. Para cubrir todas las bases lograron que Gustavus Puryear IV, abogado general de CCA fuera nombrado juez federal por Bush en el distrito de Tennessee donde están las oficinas centrales de la empresa.

La CCA fundó una industria de administración de cárceles hace más de dos décadas, estableciendo algunos de los criterios para la privatización y manejo de las cárceles lo que lo ha convertido en una opción preferida para los gobiernos federal, estatales y municipales desde 1983. Se especializan en el diseño, construcción y administración de prisiones y también en el transporte de presos. Es tal su importancia que su sistema es el quinto en Estados Unidos, solamente atrás del gobierno federal y tres estados. Para 2008 manejaban a 75,000 prisioneros en 65 instalaciones, de las cuales más de 40 son de su propiedad. Trabajan para las tres dependencias que tienen centros carcelarios (The Federal Bureau of Prisons, the U.S. Marshals Service e Immigration and Customs Enforcement), están en más de la mitad de los estados y en más de una docena de municipalidades.

El Grupo GEO es también uno de los más beneficiados por esta política que está encarcelando a más de un millón de hispanos con sentencias cada vez más largas. Mientras más gente es detenida se requieren más cárceles y más gente que las administre y por lo que se ve, esto no parece que vaya a detenerse en breve.

Para las empresas privadas cada preso representa una ganancia de entre 3.5 y 5 dólares diarios y en los contratos firmados con el gobierno, este se compromete a garantizar un número mínimo de prisioneros por mes, estableciendo una obligación del gobierno para suplir "los cuerpos" (Wilder 2006).

¿Quién maneja al Grupo GEO? En su mesa directiva participa un ex-director de la Junta Federal de Prisiones, una ex-subsecretaria de la Fuerza Aérea, un miembro de la cámara de diputados de Pennsylvania, el presi-dente emérito de la Universidad de South Carolina y un alto ejecutivo de la Exelon corporation, que entre sus negocios maneja plantas de energía unclear. El presidente de Exelon es John W. Rowe que casualmente es hermano de Karl Rowe, el estratega de las campañas presidenciales de George W. Bush y por ende uno de los hombres más cercanos a él. Según el **Center for Responsive Politics,** Exelon hizo donativos políticos en 2004 por $674,050 dólares de los cuales 58% fue al partido demócrata y 42% al republicano[16]. Las contribuciones de George C. Zoley presidente y fundador del Grupo GEO, alcanzan a los dos partidos y diversos estados, especialmente ahí donde el grupo tiene cárceles. La lista de sus donativos se puede consultar en la tabla V).

Tabla V
Contribuciones políticas del grupo carcelario GEO

Donor	Occupation	Date	Amount	Recipient
ZOLEY, GEORGE FORT LAUDERDALE, FL 33308	WACKENHUT CORRECT-IO CORP./ CORRECT	9/26/2002		Republican Pty of Florida Fed Campaign Acct
ZOLEY, GEORGE SEA RANCH LAKES, FL 33308	WCC	3/31/2002		Biden, Joseph R Jr
ZOLEY, GEORGE BOCA RATON, FL 33487		8/17/2007		Arizona Republican Party
ZOLEY, GEORGE C BOCA RATON, FL 33487	GEO GROUP/ PHYSICIAN, C	9/30/2006		Nelson, Bill
ZOLEY, GEORGE C BOCA RATON, FL 33487	GEO GROUP/ PHYSICIAN, C	10/19/2006		Nelson, Bill
ZOLEY, GEORGE C BOCA RATON, FL 33487	THE GEO GROUP	6/29/2005		National Republican Senatorial
ZOLEY, GEORGE C BOCA RATON, FL 33487	THE GEO GROUP/ SECURIT	3/19/2007		Klein, Ron
ZOLEY, GEORGE C FORT LAUDERDALE, FL 33301	GEO GROUP/ EXECUTIVE	3/6/2007		Richardson, Bill
ZOLEY, GEORGE C BOCA RATON, FL 33487	WCC	9/30/2003		Byrd, Johnnie B
ZOLEY, GEORGE C BOCA RATON, FL 33487	WCC	12/22/2003		Byrd, Johnnie B
ZOLEY, GEORGE C BOCA RATON, FL 33487	WCC	3/26/2004		Byrd, Johnnie B
ZOLEY, GEORGE C FORT LAUDERDALE, FL 33308	WACKENJUT CORRECTION	1/20/1998		D'Amato, Alfonse M
ZOLEY, GEORGE C BOCA RATON, FL 33487	WCC	3/29/2004		Byrd, Johnnie B
ZOLEY, GEORGE C SEA RANCH LAKES, FL 33308	GEO GROUP INC	6/15/2003		GEO Group
ZOLEY, GEORGE C BOCA RATON, FL 33487	THE GEO GROUP	6/9/2005		National Republican Senatorial Committee
ZOLEY, GEORGE C SEA RANCH LKS, FL 33308	WACKENHUT CORRECTIO	3/18/1998		Republican National Committee
ZOLEY, GEORGE C BOCA RATON, FL 33487		7/19/2004		Byrd, Johnnie B
ZOLEY, GEORGE C BOCA RATON, FL 33487	WCC	3/29/2004		Byrd, Johnnie B
ZOLEY, GEORGE C BOCA RATON, FL 33487	GEO GROUP/ PHYSICIAN, C	10/5/2006		Nelson, Bill
ZOLEY, GEORGE C DR FORT LAUDERDALE, FL 33308	WACKENHUT CORRECTIO	3/30/1995		Gramm, Phil
ZOLEY, GEORGE C DR FORT LAUDERDALE, FL 33308	PHYSICIAN	3/14/1997		Campaign America

ZOLEY, GEORGE C DR SEA RANCH LAKES, FL 33308	PHYSICIAN	10/18/2000		Nelson, Bill
ZOLEY, GEORGE C DR SEA RANCH LAKES, FL 33308	PHYSICIAN	3/4/2002		Nelson, Bill
ZOLEY, GEORGE C MR BOCA RATON, FL 33487	WACKENHUT CORRECTION CORPORATION/C	6/17/2003		Bush, George W
ZOLEY, GEORGE DR FORT LAUDERDALE, FL 33308	PHYSICIAN	6/23/1999		Bush, George W
ZOLEY, GEORGEC MR SEA RANC LAKES, FL 33308	WACKENHUT CORRECTIONS/C.E.O.	5/8/2001		Republican National Committee

La intensa actividad como donante político del Dr. Zoley se manejó desde distintas ocupaciones y hasta con distintas direcciones tal vez para evadir los montos mínimos legales, pero deja claro que es un hombre muy comprometido con las causas políticas y en los resultados legales que benefician a su empresa.

La mesa directiva de GEO muestra una relación muy estrecha con Exelon y Wackenhut Corporation en el negocio de administración de cárceles   (http://investing.businessweek.com/businessweek/research/stocks/snapshot/snapshot.asp?capId=312981) y tuvieron el tino de contratar a Norman Carlson que durante 17 años manejó las prisiones federales en Estados Unidos, como para no fallar en la obtención de información interna. CCA ha seguido una política similar contratando a ex-empleados carcelarios o del servicio de inmigración para que hagan las tareas de vinculación entre la empresa y el gobierno. Parece haber un evidente conflicto de interés que parece no preocupar mucho, porque estas empresas están resolviendo un serio problema que consiste en el cambio de política de "detener y liberar" al de "detener y deportar", con este último la noción es detener a cualquier persona aprehendida en la frontera y encarcelarla por lo menos entre 15 y 30 días, cuestión que puede alargarse hasta varios meses y en ocasiones años. No es de extrañar que estas empresas sean las grandes beneficiarias de los más de 2 mil millones de dólares asignados por el congreso a la detención y deportación en el 2008, ya que por ejemplo, mientras el costo promedio de un día de cárcel es de 54 dólares, CCA llega a cobrar hasta 200, lo que da una ganancia mucho mayor a los cinco dólares diarios estimados.

Las cárceles que administra GEO incluyen un centro en Guantánamo y penales en varios Estados y países, incluyendo Sud-África, para ver una la lista completa de sus cárceles y su ubicación geográfica ver el apéndice C.

Así el círculo parecía cerrarse muy bien, ya que incluía una cercanía muy provechosa con la Casa Blanca de George Bush. No se puede decir que GEO se beneficia exclusivamente de los 1.2 millones de inmigrantes en las cárceles que estarían produciendo entre 4.1 y 6 millones de dólares diarios, pero si se lleva una buena tajada de ese pastel ya que muchas de sus cárceles se ubican en estados sureños, que es donde el porcentaje de sentenciados por "crímenes" migratorios es muy elevado.

Como no falta imaginación, se dio la circunstancia que las autoridades de Arizona plantearan la posibilidad de construir una cárcel en Sonora exclusivamente para "condenados" por delitos inmigratorios y que estaría administrada por una empresa privada, lo que ayudaría a reducir costos. Parecería paradójico que en México estuvieran encarcelados mexicanos que no cometieron ningún delito en México y luego cuando los liberaran los estadounidenses los deportarían a México. Como México se negó al proyecto, de inmediato el senador McCain (de Arizona) –candidato presidencial republicano- demandó militarizar la frontera (ver El Financiero 16 de marzo, 2005).

No son las mayorías las que se benefician con la persecución de los inmigrantes, hay ciudades que están quebrando a partir de asumir políticas anti-inmigrante[17] y se ha demostrado el fuerte impacto sobre el mercado, ya sea en empresas que se quedan sin empleados capacitados debido a una redada, o ciudades cuya viabilidad económica se derrumba al espantar a los inmigrantes. Tal vez sea redundante decir que el beneficio económico concreto recae en unos cuantos personajes muy bien conectados, que saben retribuir con los donativos pertinentes a los políticos. Entonces la persecución anti-inmigrante tal vez no beneficie a la nación americana y sus relaciones internacionales, pero como bien se ha repetido, Estados Unidos no tiene amigos, solamente intereses y sus líderes mucho más.

Fue muy fuerte la denuncia del periódico **The New York Times** respecto al abuso en los centros de detención de ICE, especialmente lo que se refiere a los muertos; a la falta de transparencia; a la falta de rendición de cuentas, y todavía más grave, al hecho que una empresa privada contratada por el gobierno pueda violar impunemente los derechos humanos sin que su empleador le exija responsabilidad. Lo mismo sucede con la empresa de seguridad **Blackwater** que actúa en Irak con libertad para matar gente. En ambos casos, el gobierno asume que la guerra (contra los musulmanes y terroristas o los inmigrantes) justifica todos los abusos.

ICE sostiene que son una dependencia que funciona de acuerdo a las normas y que su record es limpio porque no hay quejas, pero como ya dejamos ver en este libro, las quejas no existen porque no las permiten y cuando alguien se atreve a sugerir que quiere quejarse, siempre encuentran la mejor manera de aplicar represalias para que cambie de opinión. Mientras tanto no nos sorprenda que una parte de la fortuna que están haciendo GAO y CCA siga el camino a los bolsillos sin fondo de diputados, senadores y gobernadores en la búsqueda por preservarse en el poder.

X. Las remesas

El gobierno mexicano ha festinado con bombo, platillo y fuegos artificiales el incremento de las remesas que llegan del exterior, especialmente de Estados Unidos. Su cinismo ha llegado al grado que no se dan cuenta o no quieren ver la triste realidad de que el país esta sostenido en los que lo abandonaron por falta de oportunidades. Se regodean asumiendo que es casi un logro nacional la fuga de mexicanos en cantidades escandalosas y que el dinero que envían para salvar a sus familias es la prueba fehaciente del fracaso de la política y de los gobernantes.

El incremento de las remesas representa una economía fantástica. Si alguien decía con orgullo que la salsa es más importante que el catsup, ahora resulta que la economía de los mexicanos en Estados Unidos crece más que la economía China e Hindú, que son ejemplo de dinamismo económico. Pero los números no dan, lo que deja la sensación de que no estamos frente a toda la verdad.

Las remesas crecen casi 15% anual dejando atrás a las tasas más altas de crecimiento en el mundo. Pero veamos algunas de las cifras y luego juzguemos si hay una base real que las sostenga.

Durante los 90s Schmidt tuvo la oportunidad de entrevistar al director del servicio de inmigración (SIN) en El Paso. Este distrito cubre una porción de Texas, todo Nuevo México y una porción de Arizona. Cuando le preguntó sobre las cifras de inmigrantes indocumentados respondió:

- Este año detuvimos y deportamos a 1 millón de mexicanos[18], pero por cada detenido 3 se meten al país. Luego entonces hablamos de 4 millones de personas. Pero cada persona hace cinco intentos antes de entrar al país, esto es que lo detienen, lo mandan del lado mexicano y vuelve a entrar al país; los 4 millones hay que dividirlos entre cinco, o sea que tenemos un   total de 800,000 indocumentados anualmente. Posteriormente le presentó estas cifras al subsecretario de asuntos migratorios en México quién dijo:

- Me siento a gusto con esa cifra.

O sea que el gobierno de México carecía de estudios sobre la emigración indocumentada y la cifra manejada por el SIN "les era cómoda". Pero esa no sería la única sorpresa. Al interrogar al funcionario estadounidense le dijo:

- ¿De dónde salen los factores de 3 colados y 5 intentos?

Su respuesta no pudo ser menos sorprendente:

- Es una convención.

Al no poder sustentar la convención quedaba claro que los datos eran inventados. Había estudios que corregían las estimaciones del SIN, por ejemplo en Tijuana que aunque estaban mal hechos porque no consideraban la estacionalidad de la emigración, sugerían que el gobierno de Estados Unidos distorsionaba las cifras. Quedaba claro que nadie sabía con certeza cuántos mexicanos cruzaban y en consecuencia cuántos había en Estados Unidos y es que era/es prácticamente imposible medir lo informal, lo indocumentado (ver la tabla VI con datos sobre la población deportable) . La migra manejaba un dato duro (que parece dudoso), decía cuanta gente había detenido: 1 millón de personas y los había deportado, pero fuera de eso no sabía cuántos habían sido detenidos y deportados más de una vez. Luego entonces muchas de las cifras son simple especulación, que en el caso de la migra se utiliza para justificar sus solicitudes de aumento en el presupuesto, que es el que más crece dentro de la burocracia estadounidense, y en el caso del gobierno de México posiblemente sirva, como veremos, para otros propósitos.

Tabla VI
Inmigrantes deportables y localizados en los años fiscales 1925 a 2006

Año	Numero	Año	Numero	Año	Numero
1925	22,199	1952	543,535	1979	1,076,418
1926	12,735	1953	885,587	1980	910,361
1927	16,393	1954	1,089,583	1981	975,780
1928	23,566	1955	254,096	1982	970,246
1929	32,711	1956	87,696	1983	1,251,357
1930	20,880	1957	59,918	1984	1,246,981
1931	22,276	1958	53,474	1985	1,348,749
1932	22,735	1959	45,336	1986	1,767,400
1933	20,949	1960	70,684	1987	1,190,488
1934	10,319	1961	88,823	1988	1,008,145
1935	11,016	1962	92,758	1989	954,243
1936	11,728	1963	88,712	1990	1,169,939
1937	13,054	1964	86,597	1991	1,197,875
1938	12,851	1965	110,371	1992	1,258,481
1939	12,037	1966	138,520	1993	1,327,261
1940	10,492	1967	161,608	1994	1,094,719
1941	11,294	1968	212,057	1995	1,394,554
1942	11,784	1969	283,557	1996	1,649,986
1943	11,175	1970	345,353	1997	1,536,520
1944	31,174	1971	420,126	1998	1,679,439
1945	69,164	1972	505,949	1999	1,714,035
1946	99,591	1973	655,968	2000	1,814,729
1947	193,657	1974	788,145	2001	1,387,486
1948	192,779	1975	766,600	2002	1,062,279
1949	288,253	1976 [1]	1,097,739	2003	1,046,422
1950	468,339	1977	1,042,215	2004	1,264,232
1951	509,040	1978	1,057,977	2005	1,291,142
				2006 [2]	1,206,457

[1] Incluye15 meses desde julio 1, 1975 a septiembre 30, 1976 porque el año fiscal fue modificado de junio 30 a septiembre 30.
[2] Datos de operaciones de detención y remoción (Detention and Removal Operations –DRO- se incluyen desde el año fiscal de 2006.
Nota de la fuente: Extranjeros (aliens) deportables y localizados se refiere a aprehensiones
Nota de los autores: No todas las aprehensiones resultaron en deportaciones aunque estos casos probablemente son los menos como para no modificar las conclusiones
Fuente: U.S. Department of Homeland Security, Customs and Border Protection (CBP) Office of Border Patrol (OBP), Immigration and Customs Enforcement (ICE) Office of Investigations (OI) and the Office of Detention and Removal Operations (DRO).

La postura mexicana de no frenar a los emigrantes combinada con la ausencia de medios de registro en Estados Unidos ha hecho difícil valorar el problema[19]. Nos sorprenderíamos de ver cuántos Pancho Villa habían detenido en El Paso porque al parecer era uno de los nombres predilectos utilizados por los detenidos. Schettino (2007: 405) sostiene que durante la década de los 70s cruzaban 138,000 mexicanos anualmente y que esta cifra aumentó a 235,000 en los 80s, cifra muy inferior a los números que aportó el jefe del INS; es muy posible que este autor no tenga muy claros los números como tampoco lo tienen los observadores del tema. En 1999, la migra sostiene haber detenido a 1,714,035 y deportado a un millón ochocientos mil personas, o sea que estaban deportando a gente que tenía tiempo en el país y hablar de casi cien mil personas implica que ya desde entonces había deportaciones masivas. El 90% de las aprehensiones reportadas fueron en la parte suroeste de la frontera y el 95% eran mexicanos. Para el 2006 el gobierno de Estados Unidos dice que hay aproximadamente 11.6 millones de inmigrantes no autorizados de los que 6.6 millones serían mexicanos. De estos, casi 4.2 millones han entrado a partir del 2000, o sea que en esos seis años habrían entrado alrededor de 315,000 personas anualmente (Ver la tabla VII), cifra por mucho inferior a la del funcionario migratorio de El Paso y superior a la que reporta Schettino.

Mientras que los inmigrantes indocumentados de México conforman el 57% del total, solamente alcanzan el 13% de los documentados, y no obstante que el porcentaje es bajo, el numero alcanza alrededor de 175,000 anualmente (ver tabla VIII) que sumados a los indocumentados estarían alcanzando casi el medio millón de personas anualmente. Estas cifras muestran ajustes de status migratorio, pero de cualquier manera son muy elevadas y México tiene el porcentaje más elevado de inmigrantes.

Tabla VII
País de nacimiento de la población inmigrante no autorizada: 2000-2006

País	Población estimada en enero		% del total		% cambio	% cambio anual
	2006	2000	2006	2000	2000-2006	2000-2006
Todos los países	11,550,00	8,460,000	10	10	37	515,000
Mexico	6,570,000	4,680,000	57	55	40	315,000
El Salvador	510,000	430,000	4	5	19	13,333
Guatemala	430,000	290,000	4	3	48	23,333
Filipinas	280,000	200,000	2	2	40	13,333
Honduras	280,000	160,000	2	2	75	20,000
India	270,000	120,000	2	1	125	25,000
Corea	250,000	180,000	2	2	39	11,667
Brasil	210,000	100,000	2	1	110	18,333
China	190,000	190,000	2	2	-	-
Vietnam	160,000	160,000	1	2	-	-
Otros países	2,410,000	1,950,000	21	23	24	76,667

Nota: Puede sumar más de 100 por el redondeo.
Fuente: U.S. Department of Homeland
Security. (www.dhs.gov/xlibrary/assets/statistics/publications/ill_pe_2006.pdf)

Tabla VIII
Flujo de Residentes Permanentes legales por región y país de nacimiento: Años fiscales de 2004 a 2006

Región o país de nacimiento	2006		2005		2004	
	Número	%	Número	%	Número	%
Total	1,266,264	100.0	1,122,373	100.0	957,883	100.0
Región:						
África	117,430	9.3	85,102	7.6	66,422	6.9
Asia	422,333	33.4	400,135	35.7	334,540	34.9
Europa	164,285	13.0	176,569	15.7	133,181	13.9
Norte América	414,096	32.7	345,575	30.8	342,468	35.8
Caribe	146,771	11.6	108,598	9.7	89,144	9.3
Centroamerica	75,030	5.9	53,470	4.8	62,287	6.5
Otros Norteamérica	192,295	15.2	183,507	16.4	191,037	19.9
Oceanía	7,385	0.6	6,546	0.6	5,985	0.6
Sudamerica	138,001	10.9	103,143	9.2	72,060	7.5
Desconocido	2,734	0.2	5,303	0.5	3,227	0.3
País						
México	173,753	13.7	161,445	14.4	175,411	18.3
República Popular C	87,345	6.9	69,967	6.2	55,494	5.8
Filipinas	74,607	5.9	60,748	5.4	57,846	6.0
India	61,369	4.8	84,681	7.5	70,151	7.3
Cuba	45,614	3.6	36,261	3.2	20,488	2.1
Colombia	43,151	3.4	25,571	2.3	18,846	2.0
República Dominicar	38,069	3.0	27,504	2.5	30,506	3.2
El Salvador	31,783	2.5	21,359	1.9	29,807	3.1

Vietnam	30,695	2.4	32,784	2.9	31,524	3.3
Jamaica	24,976	2.0	18,346	1.6	14,430	1.5
Corea	24,386	1.9	26,562	2.4	19,766	2.1
Guatemala	24,146	1.9	16,825	1.5	18,920	2.0
Haití	22,228	1.8	14,529	1.3	14,191	1.5
Perú	21,718	1.7	15,676	1.4	11,794	1.2
Canadá	18,207	1.4	21,878	2.0	15,569	1.6
Brasil	17,910	1.4	16,664	1.5	10,556	1.1
Ecuador	17,490	1.4	11,608	1.0	8,626	0.9
Paquistán	17,418	1.4	14,926	1.3	12,086	1.3
Reino Unido	17,207	1.4	19,800	1.8	14,915	1.6
Ucrania	17,142	1.4	22,761	2.0	14,156	1.5
Los demás países	457,050	36.1	402,478	35.9	312,801	32.7

Fuente: U.S. Department of Homeland Security, Computer Linked Application Information Management System (CLAIMS), Legal Immigrant Data, Fiscal Years 2004 to 2006.

Otro medio para aproximarnos al número de mexicanos que se fueron es por los datos de los censos, pero también ahí hay margen de error. El de 1980 en México tuvo problemas y se deben hacer estimaciones para entender que pasó en esa década y la siguiente. Para el de Estados Unidos ¿quién puede garantizar que la persona que respondió dijo la verdad?, si había 10 personas hacinadas, o si había gente indocumentada lo que prevenía un reporte más acucioso[20]. Como el censo se hacía por correo la gente simplemente no devolvía el cuestionario.

En el caso mexicano al parecer hay una discrepancia de 10 millones de personas en el censo de 1980 respecto a las proyecciones de crecimiento de la población y ese podría ser el número de emigrantes, aunque según los números que hemos visto esa cifra es demasiado elevada; pero muchos académicos se fueron por la línea que sostenía que el censo se había aplicado mal, dejando la discusión abierta y una fuerte incertidumbre respecto a las cifras.

Los datos del censo de Estados Unidos muestran que en efecto hay un crecimiento acelerado de la población hispana y mexicana en general con respecto a la población total de Estados Unidos, aunque ambas registran un crecimiento más ligero de 2000 a 2006 (ver tabla IX). Como vemos en los datos del Departamento de Seguridad Interna, los mexicanos –no autorizados- en Estados Unidos son solamente 6,570,000 (tabla VII), o sea ¿que 22 millones de mexicanos según reporta el censo tendrían una condición migratoria documentada?

Tabla IX
Población total en Estados Unidos, hispanos y mexicanos

	Población total Millones	Tasa de crecimiento anual	Hispano millones	Tasa de crecimiento anual	Mexicano Millones	Tasa de crecimiento anual
1994	259,753		26,646		17,090	
2000	276,804	1.09	34,773	5.08	22,927	5.69
2006	293,834	1.02	43,168	4.02	28,323	3.92

Fuente: Censo de Estados Unidos.
http://www.census.gov/population/socdemo/hispanic
Para 1994 tabla 10
Para 2000 tabla 1.1 y 1.2
Para 2006 tabla 1.1 y 1.2

Aceptemos para el propósito de este ejercicio las cifras más altas de mexicanos y de todas maneras veremos que las cuentas que presenta el gobierno de México sobre remesas parecen no tener sustento en el número de emigrantes y que las cantidades parecen estar disparadas. Si el aumento del porcentaje de inmigrantes a Estados Unidos no alcanza el 6% anual y como vemos desde el año 2000 se frena hasta caer abajo del 4%, costaría trabajo explicar las cifras de remesas que según el gobierno mexicano crecen a un ritmo sostenido superior al diez por ciento anual. Véase la tabla X que muestra varios cálculos de entrada de remesas entre 1920 y 1995 cuyo comportamiento moderado parece más creíble.

Según lo que ya hemos discutido podemos manejar como cifra razonable la entrada anual de medio millón de mexicanos a Estados Unidos en el período 1994-2000. Si cada uno envío 1,000 dólares al año, cifra que escogimos de manera arbitraria para ejemplificar, esto debió alcanzar 500 millones de dólares anuales, cifra inferior a la reportada por el gobierno. Pero en los siguientes seis años, esta cifra debió reducirse porque se reducía el ritmo de entrada de mexicanos, sin embargo, el gobierno reportaba exactamente lo contrario, un incremento sustancial. Un estudio reciente del Banco Interamericano de Desarrollo

(http://www.iadb.org/NEWS/articledetail.cfm?artid=4595&language=En)

sostiene que los indocumentados que en sus países de origen eran trabajadores no calificados, aumentaron sus ingresos mensuales de 160 (en su país) a 1,600 dólares (Estados Unidos). Como vemos en la tabla XI, donde se compara la importancia de las remesas con otras actividades económicas, para 1994 el gobierno reporta la entrada de 3,474,749 millones que tendría congruencia con los años anteriores pero no con las cantidades que recién exploramos, sin embargo a partir de 2000 el flujo de mexicanos empieza a bajar y el incremento de las remesas se dispara en la dirección contraria y de una manera impresionante.

Tabla X
Remesas de Mexicanos de Estados Unidos a México. Estimación del
flujo de remesas procedentes de Estados Unidos, según diversas
fuentes 1920-1995 (millones de dólares)

Fuente	Año	Estimación
Gamio	1920-1928	4.9
Departamento del Trabajo	1942-1945	63.0
Handcock	1956	120.0
Ruiz Cortines	1959	163.0
López Mateos	1961	275.0
Diez Canedo	1975	317.6
Cornelius	1975	2,000.0
North y Houston	1976	1,500.0
Lozano	1980	1,262.0
Garcia y Griego y Giner de los Ríos	1984	1,800.0
Lozano	1985	2,300.0
Keeley y Tran	1989	2,300.0
Massey y Parrado	1990	2,012.0
Nolasco	1990	1,800.0
Lozano	1990	1,800.0
Russel y Teltelbaum	1992	2,300.0
Corona	1993	2,055.0
Lozano	1995	3,867.6
Estudio binacional	1995	2,500.0-3,900.0

Fuente: Las remesas enviadas a México por los trabajadores migrantes en los Estados Unidos.
http://www.conapo.gob.mx/publicaciones/1999/PDF/99012.pdf

Las cifras oficiales muestran que comparado con las actividades económicas exportadoras, las remesas adquieren un papel preponderante. Para el 2007 son 300% superiores a las exportaciones agropecuarias, 146.2%
superiores a las entradas por turismo y el 20.6% de las exportaciones petro-
leras. El orgullo del gobierno demuestra que su estabilidad financiera pen-
de del fracaso en el desarrollo nacional y del hilo que controla el gobierno
estadounidense.

Tabla XI

Peso porcentual de las remesas respecto a otras actividades

Año	Remesas Personales	Petróleo	%	Inversión Extranjera Directa	%	Turismo	%	Agricultura	%
1990	2,493,629	10,103,660	24.7	2,633,238	94.7	5,526,325	63.4	2,162,442	115.3
1991	2,659,998	8,166,415	32.6	4,761,498	55.9	5,959,062	61.3	2,372,527	112.1
1992	3,070,056	8,306,599	37	4,392,799	69.9	6,084,870	68.7	2,112,357	145.3
1993	3,333,177	7,418,405	44.9	4,388,801	75.9	6,167,009	73.0	2,504,211	133.1
1994	3,474,749	7,445,038	46.7	10,972,501	31.7	6,363,475	71.6	2,678,393	129.7
1995	3,672,724	8,422,579	43.6	9,526,300	38.6	6,178,791	78.3	4,016,153	91.4
1996	4,223,678	11,653,698	36.2	9,185,451	46	6,756,167	82.7	3,592,286	117.6
1997	4,864,846	11,323,152	43	12,829,556	37.9	7,375,989	88.0	3,828,132	127.1
1998	5,626,844	7,134,319	78.9	12,346,169	45.6	6,774,664	99.9	3,796,676	148.2
1999	5,909,632	9,928,210	59.5	13,189,742	44.8	7,222,876	107.3	3,925,891	150.5
2000	6,572,543	16,382,765	40.1	16,597,738	39.6	8,294,208	102.1	4,217,216	155.9
2001	8,895,263	12,798,739	69.5	26,843,231	33.1	8,400,605	136.0	3,902,711	227.9
2002	9,814,448	14,475,598	67.8	14,774,561	66.4	8,857,986	145.9	3,866,315	253.8
2003	13,396,208	18,653,748	71.8	10,783,410	124.2	9,361,734	184.7	4,664,408	287.2
2004	16,612,800	23,648,100	70.3	16,601,849	100.1	10,753,183	154.5	5,436,600	305.6
2005	20,035,000	31,891,000	59.2	17,805,000	107.8	3,479,135	116.8	6,080,000	333.6
2006	23,054,000	39,022,000	59.1	19,225,000	112.1	12,176,000	147.2	6,853,000	297.2
2007	23,979,000	43,018,000	55.7	23,230,000	103.1	12,901,000	146.2	7,435,000	310.0

Tomado de De la Rosa Mendoza, Juan Ramiro, Pérez Servín, Alma Araceli, Romero Amayo, Lilia. **Migración y remesas, de creciente importancia para México**. Tabla 3.
www.eumed.net/cursecon/ecolat/mx/2006/jrrm.htm
De 2005 en adelante tomado de Banco de México. **Informe Anual**
"http://www.eumed.net/cursecon/ecolat/0/recomiendo.phtml" \t "_blank"

Pero insistimos en que las cifras son dudosas. Para que se cubriera el incremento de 3,215,592 millones de dólares entre 2004 y 2003, cada uno de los 600,000 indocumentados debió haber enviado a México 5,360 dólares, o sea el 28% de su salario de 19,200 dólares anuales, esto en el caso de ganar salario mínimo trabajando cuarenta horas semanales, y considerando que entre los inmigrantes todos (mujeres y niños) ganaban la misma cantidad, sin embargo, el mismo estudio del BID calcula que solamente el

50% de los indocumentados envía remesas y en casos como en Texas esta cifra se reduce a 30%.

Esto no quiere decir que la aportación de los hispanos no tenga una gran importancia para Estados Unidos, como se ve en la tabla XII solamente en el 2008 aportaron 504,513 millones de dólares, una contribución económica sustancial, esto sirve para echar por tierra el argumento de los grupos anti-inmigrantes en tanto que representan una carga económica para la sociedad estadounidense, pero eso es otro tema que trataremos más adelante en lo respectivo al debate migratorio, pero por lo que toca al tema que tratamos, si aportan tales cantidades a la economía local, tal vez no tengan fondos se sobra para enviar al país. Aunque los datos de la tabla no nos permiten concluir nada sobre la cantidad que iría a México, podemos sospechar que sea la mayor parte. Véase como la cantidad de 2007 a 2008 no varía de manera sustancial.

Tabla XII
Remesas de los EE.UU. a América Latina 2008

	Immigr% Sending money adults /regularly 2006	% Sending money regularly 2008	Total 2001 million)	Total 2001 million)	Contribution economy (million)*
California	5.759.0(63%	52%	13.191	14.599	160.354
Texas	2.799.0(47%	30%	5.222	4.299	47.220
New York	1.427.0(77%	53%	3.714	3.933	43.200
Florida	1.354.0(70%	48%	3.083	3.071	33.732
Illinois	924.00073%	58%	2.583	2.813	30.898
New Jersey	704.00079%	56%	1.869	1.943	21.342
Georgia	460.00085%	53%	1.736	1.443	15.850
Arizona	694.00057%	39%	1.378	1.357	14.905
North Carolina	371.00084%	59%	1.221	1.243	13.653
Virginia	314.00088%	59%	1.110	1.023	11.237
Maryland	261.00088%	55%	921	818	8.985
Nevada	311.00057%	49%	618	768	8.436
Colorado	325.00057%	49%	646	764	8.392
Massachusetts	303.00074%	45%	579	654	7.183
Washington	231.00070%	44%	504	572	6.283
Connecticut	158.00074%	52%	301	434	4.767
Oregon	175.00070%	55%	383	431	4.734
Tennessee	139.00078%	58%	407	411	4.514
Wisconsin	124.00071%	44%	335	399	4.383
Indiana	146.00068%	49%	386	389	4.273
Pennsylvania	146.00088%	44%	517	370	4.064
New Mexico	186.00057%	31%	370	346	3.800
Minnesota	107.00071%	58%	292	344	3.778
Michigan	124.00071%	49%	337	331	3.636
South Carolina	110.00078%	58%	322	325	3.570
Utah	130.00057%	31%	258	242	2.658
Alabama	75.000 78%	57%	219	218	2.394
Oklahoma	114.00057%	36%	226	213	2.340
Ohio	79.000 71%	49%	214	211	2.318
Louisiana	71.000 78%	57%	208	206	2.263
Rhode Island	68.000 74%	52%	130	175	1.922
Iowa	52.000 68%	58%	138	167	1.834
Arkansas	86.000 78%	46%	253	166	1.823
Kentucky	55.000 78%	58%	161	163	1.790
Idaho	65.000 70%	55%	142	160	1.757
Kansas	81.000 68%	36%	215	152	1.670
Nebraska	58.000 68%	51%	154	135	1.483
Missouri	63.000 68%	46%	166	122	1.340
Delaware	44.000 88%	52%	105	113	1.241
Mississippi	34.000 78%	57%	100	99	1.087
DC	29.000 88%	52%	154	75	824
Hawaii	16.000 70%	49%	34	47	516
Alaska	15.000 70%	49%	33	44	483
New Hampshire	17.000 74%	41%	32	40	439
Wyoming	15.000 70%	51%	33	35	384
Maine	11.000 74%	41%	22	6	66
South Dakota	9.000 68%	51%	23	21	231
North Dakota	6.000 68%	51%	15	14	154
Vermont	5.000 74%	41%	9	12	132
West Virginia	4.000 n/a	49%	n/a	11	121
Montana	2.000 n/a	51%	n/a	5	55
Total 50 states and [	18.856.73%	50%	45.276	45.932	504.513

Fuente:http://www.iadb.org/mif/REMITTANCES/USA/RANKING2006b.cfm?language=spanish&id_state=NE

En la tabla XIII comparamos el crecimiento de las remesas con el crecimiento de la población, ahí vemos claramente que mientras la población está creciendo a menos de 4 por ciento las remesas crecen respectivamente 35.33% en 2001, 10.33% en 2002, 36.49% en 2003 y 24.01% en 2004. Sin duda este es el nuevo milagro mexicano porque refleja una economía espectacular que deben estudiar los chinos e hindúes que presumen mantener tasas de crecimiento sostenido del 10% ya que los mexicanos estarían enviando más de la mitad de lo que envían los más de 18 millones de adultos a todos los países latinoamericanos, lo que es posible debido a la sobre representación mexicana en Estados Unidos, pero todavía se requiere entender mejor los incrementos anuales.

Tabla XIII
Remesas comparadas con crecimiento de la población

	Remesas	% de crecimiento	Pob mexicana en Estados Unidos	% de crecimiento
1990	2,493,629			
1991	2,659,998	6.7		
1992	3,070,056	15.4		
1993	3,333,177	8.6		
1994	3,474,749	4.2	17,090	
1995	3,672,724	5.7		
1996	4,223,678	15.0		
1997	4,864,846	15.2		
1998	5,626,844	15.7		
1999	5,909,632	5.0		
2000	6,572,543	11.2	22,927	5.7
2001	8,895,263	35.3		
2002	9,814,448	10.3		
2003	13,396,208	36.5		
2004	16,612,800	24.0		
2005*	20,035,000	20.6		
2006	23,054,000	15.1	28,323	3.9

Fuente: Tablas 5 y 7.

Podemos especular sobre el sesgo del censo en base, como ya sugerimos, entre otras cosas, a que muchos hispanos pueden haber ocultado el número de personas que vivían en las casas por miedo, esto nos ubica en un incierto nivel de error, de ahí que sea importante conocer la cifra real de los mexicanos en ese país, pero también hay que tomar con precaución la cifra que hemos manejado arbitrariamente de cada familia enviando 1,000 dólares anuales a México, en especial porque no todos se emplean en ocupaciones bien remuneradas[21], no todos están empleados de tiempo completo, y enfrentan un elevado costo de la vida en Estados Unidos: ganan en dólares pero gastan en dólares. Pero tal vez mas importante es que en parte debido a la política anti-inmigratoria y a la modificación del perfil del inmigrante, muchos regresan menos a México, podrían estar enviando el dinero que se ahorran al no regresar a visitar a la familia, no gastan en regalos, no le pagan al coyote, por el otro lado, muchos cruzan con la idea de quedarse, con lo cual el dinero disponible para enviar a las familias se reduce porque necesitan invertir para acomodarse en el nuevo país, lo que hace todavía menos creíble las cifras reportadas por el gobierno de México. Estas cifras han tenido un efecto no buscado y es que la derecha en Estados Unidos también se ha concentrado en la salida de dinero exigiendo que se impongan impuestos o trabas al envío de remesas.

La criminalización del trabajo y la política de guerra de baja intensidad que sigue el gobierno de Estados Unidos en la frontera dificultan sistemáticamente el tránsito de personas, con lo cual muchos inmigrantes se acomodan ya sea para estancias de largo plazo o para no regresar porque ade-más de regresar no van a encontrar mejores oportunidades que cuando se fueron.

Frente a las políticas de deportación es muy posible que los resultados del próximo censo tengan un índice de error mayor, ya que la gente seguramente se negara a responder ante el temor de ser detectados y deportados; igualmente se puede esperar que la gente mienta respecto a los habitantes en la casa, lo que mostrará cifras a la baja, esto tendrá un fuerte impacto en las finanzas locales donde viven los inmigrantes, porque ante una población reducida debe bajar la asignación de fondos para servicios que cuentan con apoyo federal y que se estiman en base a la población, así que no reportar, podrá afectar a las economías locales pero también podrá mostrar un decrecimiento de la población mexicana, lo que seguramente contradecirá la realidad.

La deportación masiva no ha llegado a las cifras que reducen drásticamente la población indocumentada, el número de personas que se va voluntariamente seguramente se equilibra con los nuevos indocumentados, porque la frontera sigue siendo porosa. Pero es interesante que en el 2008 el gobierno mexicano por primera vez en varios años reconoció una caída en las remesas. ¿Será cosa de la recesión o de la aceptación de la verdad?

De la rosa et. al, tienen razón en que "las remesas han crecido porque la emigración lo ha hecho, pero también se han ampliado las facilidades para su envío y ha mejorado la forma de su registro" sin embargo, los números sobre las dos partes de la ecuación no sustentan las cantidades que se nos presentan. Es inconsistente que mientras la población creció en promedio 5.69% entre 1994 y 2000, las remesas hayan crecido a casi el doble a 10.28% anual. El Banco de México en el estudio **Remittances and development, the case of Mexico** publicado en el 2005 sostiene que 2/3 de los encuestados ganan entre 1 y 2 mil dólares al mes y envían dinero un promedio de diez veces al año, solamente que en el reporte no explican cual es la muestra que encuestaron ni el tamaño del envío promedio. Otras fuentes sostienen que el promedio de envío es alrededor de 300 dólares aunque no aceptan que haya diez envíos anuales; si aceptamos el reporte del Banco de México y el promedio de 300 dólares, aunque la población estudiada puede ser distinta a la de los otros reportes, los mexicanos en promedio estarían enviando 3,000 dólares anuales, y aun así se queda corto el monto de incremento anual. Si los 500,000 mexicanos que entran anualmente a Estados Unidos mandaran 3,000 dólares a México se registraría solamente un incremento de 1,500 millones de dólares.

En la tabla XIV hacemos el ejercicio de calcular el aumento de las remesas de acuerdo al aumento de la población lo que nos da una diferencia abismal en la década del 2000, cifra que hipotéticamente suponemos puede ser de dinero no legítimo[22] y que alcanza la cifra de 62719919 millones de dólares en 16 años.

Tabla XIV

	Remesas	% de crecimiento	Pob mexicana en Estados Unidos	% de crecimiento	Aumento de acuerdo al aumento de la población	Diferencia entre el saldo reportado y nuestro cálculo
1990	2,493,629					
1991	2,659,998	6.7			2,635,766	-24,232
1992	3,070,056	15.4			2,811,618	-258,438
1993	3,333,177	8.6			3,245,049	-88,128
1994	3,474,749	4.2	17,090		3,523,168	-48,419
1995	3,672,724	5.7			3,672,810	86
1996	4,223,678	15			3,882,069	-341,609
1997	4,864,846	15.2			4,103,347	-761,499
1998	5,626,844	15.7			4,337,238	-1,289,606
1999	5,909,632	5			4,584,461	-1,325,171
2000	6,572,543	11.2	22,927	5.7	4,845,775	-1,726,768
2001	8,895,263	35.3			5,034,760	-3,860,503
2002	9,814,448	10.3			5,321,741	-4,492,707
2003	13,396,208	36.5			5,625,081	-7,771,127
2004	16,612,800	24			5,945,710	-10,667,090
2005	20,035,000	20.6			6,284,616	-13,750,384
2006	23,054,000	15.1	28,323	3.9	6,642,839	-16,411,161
						-62,816,756

Por otro lado está el tema de la ciudadanización de los inmigrantes que también impacta las remesas. George Bush decidió frenar la política de Clinton de acelerar la naturalización de mexicanos ante el supuesto de que estos tienden a identificarse con el partido demócrata (ver tabla XV); los números siguen siendo significativos aunque haya bajado a 63,840 personas en 2004 para repuntar al año siguiente. Podemos considerar hipotéticamente que los inmigrantes que se naturalizan reducen el envío de dinero a sus casas en México, por lo que debe impactar las remesas. Cuando la gente está promoviendo un cambio radical a su estatus migratorio, cualquiera que sea el escenario, ya sea que se naturalice y establezca o bien que espere que el proceso avance aunque sea muy lento (hay una espera de más de diez años dependiendo de la categoría del candidato), hace planes para quedarse y busca establecerse de la mejor manera posible, o sea que se está acomodando y con esto viene la compra de casa, auto, etc., necesariamente debe traducirse en una reducción en los envíos de dinero. ¿De dónde sale entonces ese dinero que el gobierno mexicano presume con falso orgullo?, porque nadie puede echar las campanas al vuelo por el beneficio extraído de la desgracia de los expulsados, aunque esta entrada de dinero tenía un fuerte impacto regional y social especialmente en zonas marginadas, lo que liberaba al gobierno en cierta manera, de articular programas de desarrollo que reclamaban grandes inversiones.

Tabla XV
Naturalización de mexicanos

1997	142,152
1998	111,995
1999	207,072
2000	189,051
2001	102,736
2002	76,310
2003	55,946
2004	63,840
2005	77,089
2006	83,979

Fuente: Yearbook of Immigration Statistics. 2006.
http://www.dhs.gov/ximgtn/statistics/publications/YrBk06RA.shtm. Tabla 21

Hemos expuesto la tesis de que el gobierno mexicano se ha prestado para facilitar la entrada de dinero sucio (narcotráfico por ejemplo) disfrazado de remesas legítimas porque así se balanceaba y mantenía estable la balanza de pagos y por ende la macroeconomía, con lo cual el gobierno sostenía que el paquete de políticas neoliberal estaba funcionando. Ese puede ser el sustento de una de las razones para que el gobierno se haya resistido a las presiones de Estados Unidos para que frenara su flujo de emigrantes.

Conforme pasa el tiempo las remesas han adquirido un peso creciente en la economía mexicana. En los años que van de 1995 al 2000 ocupaban 1.21% del PIB y aumentaron hasta 2.46% en 2004. Lo interesante es que en estas mismas fechas el narcotráfico creció desmesuradamente y de ahí nuestra tesis sobre la posibilidad que el gobierno haya disfrazado de remesas legítimas fondos provenientes del tráfico de drogas, lo que de ser cierto explicaría también el descontrol que ha habido con la delincuencia y el crecimiento del crimen organizado, y la gran desestabilización ante cualquier intento por limitar la anomalía que produce una actividad delincuencial de esa magnitud. Para el 2009 finalmente se ha anunciado una caída en las remesas que puede responder a la recesión y a la batalla contra el crimen organizado. La verdadera historia posiblemente todavía está por escribirse.

XI. La política

El asilo político

Un día ambos autores sostuvimos la siguiente conversación:

CS. - ¿Quieres ser testigo experto en un caso de asilo político? No hay mucho dinero.

SS. - Sí

CS. - Se trata de un militar y a los mexicanos no les gusta hablar sobre el ejército.

SS. Mi primera reacción fue decirle que mejor siempre no. Soy de la generación del 68 y cada vez que veo a un soldado me vienen a la mente las imágenes de mi escuela tomada por la policía, de la matanza del 2 de octubre y las historias de abuso y pisoteo de los derechos humanos por parte de los militares. En mi cabeza no cabía la posibilidad de defender a un militar.

Carlos prosiguió: - Siempre que invito a un mexicano a hablar sobre el ejército como que les da miedo.

SS. - Eso no me preocupa, pero no siento que pueda defender a un militar.

CS. - Este es un objetor de conciencia.

SS. - Un militar objetor de conciencia es un oxymoron, ese concepto para ellos no existe, respondí con vehemencia. ¿Quién podía atreverse a hablar de objetores de conciencia después de una larga historia de agresión impune en contra de la sociedad.

SS. - Estas equivocado. Este es un militar que mandaron a Chiapas y le dieron la orden de no tomar prisioneros. El dijo que no mataría inocentes y se lo llevaron de regreso a Puebla, pero un día un amigo le dijo: "el coronel dijo que te vas de regreso a Chiapas y que no regresas". Yo lo represento en un juicio de asilo político y quiero que expliques cual es la intención detrás de un mensaje de ese tipo.

SS. -Yo de inmediato pensé que en México esa es una amenaza de muerte y sentí que en mi interior empezaba a derrumbarse mi prejuicio respecto a los militares, decidí que cualquier ser humano merece el beneficio de la duda y por supuesto la protección a su vida, así que sin pensarlo mucho más le dije: Adelante, seré tu testigo, pero antes cuéntame que pasó.

- Cuando le dieron el mensaje de inmediato se escapó del cuartel, anduvo vagando un tiempo por la sierra de Chihuahua, cruzó indocumentado y cuando lo detuvieron por una falta de tráfico, descubrieron que era indocumentado y lo mandaron al campo de detención en El Paso para deportarlo. Fue entonces que entro en contacto conmigo para que lo defendiera.

Parte de la fama de Spector consistía en haber defendido a Ernesto Poblano, el primer presidente municipal panista en Chihuahua (Ojinaga 1973), este pidió asilo después del asedio del entonces gobernador Fernando Baeza, ya que al terminar su gestión como alcalde fue invitado por el PRI para ser recaudador de rentas en Casas Grandes, puesto nada despreciable, ya que no solamente es de altísimo nivel, sino que es un funcionario que cuenta con las confianzas del gobernador, porque de alguna manera es su representante en la ciudad. Desde esa posición Poblano continuó apoyando a los panistas para diversos cargos en el estado y llegado el –para el PRI- fatídico 1986 cuando Baeza gana con fraude y los panistas empiezan a ganar ciudades, desde las posiciones más altas se decide que Poblano los había traicionado y las traiciones se pagan con la vida. Poblano entró huyendo a El Paso, literalmente perseguido de cerca por los encargados de liquidarlo. En aquel entonces el caso levantó mucha ámpula porque el servicio de inmigración sostenía que Poblano era narcotraficante, aunque su única prueba era una fotografía donde el coincide con el jefe narco de Ojinaga en una cantina, y una aseveración en un libro (Poppa 1990) que lo acusa con la mayor ligereza del mundo, la que sin mayor respaldo se convierte en evidencia irrefutable[23]. La misma crueldad que se aplica para castigar a un indocumentado se aplica para alguien que busco en Estados Unidos la protección de su vida, pero que además cometió la osadía de derrotar la arrogancia y soberbia de los agentes de migración que se sienten todo poderosos y "todo lo saben".

Spector logró demostrar en contra de la opinión del departamento de Estado que en la supuesta democracia mexicana si había perseguidos políticos, lo que no fue fácil. Aunque llegaron autobuses llenos de personas que atestiguaban a favor de Poblano demostrando un fuerte y sólido apoyo comunitario que es muy apreciado en la política estadounidense, el testimonio definitivo fue del Profesor Becerra Gaytan, viejo comunista que aceptó atestiguar a favor de un panista. Cuando el juez le dijo a Becerra:

- ¿Que nos puede decir sobre el narcotráfico?

Becerra respondió:

- Yo no sé nada sobre narcotráfico.

- ¿Entonces de que va a hablar?

- A mi me dijeron que hablara de política, de represión y tortura.

El juez con displicencia, pensando que era un truco de la defensa, le dijo:

- Ah sí, ¿que nos puede decir de la tortura?

- Pues mire, dijo Becerra mientras se removía la camisa para mostrar distintas marcas. Está fue en tal ocasión, está en otra ocasión, y así fue mostrando las veces en que fue torturado.

El testimonio fue crucial para salvar a Poblano porque echó por tierra las apreciaciones políticas sobre México que sostienen que se trata de una democracia, y en parte en eso pensaba yo para evaluar la invitación de Spector. Además veía yo que el profe Becerra había dado una lección de congruencia política haciendo a un lado las diferencias ideológicas, a cambio de enfrentar las injusticias del régimen autoritario mexicano, que no solamente se enfilaban en contra de la izquierda sino que alcanzaban a los derechistas que enfrentaban al régimen, no solamente había sido generoso sino que se prestó a salvarle la vida a un contrincante ideológico poniendo un sentimiento humanista por encima de las diferencias políticas. Sin intentar compararme con Becerra, no podía actuar de otra manera. Nadie está a salvo de la furia de un gobierno que exige silencio y sumisión total y que castiga sin clemencia a los que se atreven a levantar una voz de oposición.

SS. No me encontré con el militar hasta el día del juicio. Me pareció un hombre común y corriente, se veía de unos 30 años, bajo, de complexión delgada y sin esa expresión de combate que uno ve en los activistas políticos. Ciertamente no era un hombre de izquierda y mucho menos un derecho-humanista, simplemente era una persona perseguida, asediada, temerosa pero con dignidad, cuya vida estaba en peligro por respetar la vida de los otros. La jueza era una mujer hispana, baja, regordeta, de media edad, expresión dulce, como las madres mexicanas y modales finos. Muy rápido veríamos la importancia que el gobierno de Estados Unidos le daba al caso y el clima en el que se trató de poner el desarrollo del caso.

El fiscal era un hombre blanco, joven, cuyo perfil era de WASP (white, anglo-saxon, protestant –blanco, anglo-sajón, protestante), en sus veintes, arrogante y para abrir boca dejó esperando a la juez y no como debe suceder, que todas las partes están sentadas esperando a que ella llegue para mostrarle respeto parándose cuando ella entra al juzgado. Empezaba ofendiendo a la juez posiblemente en un intento de intimidación. El tipo estaba recién salido de la marina y nada más se inició el juicio dejo ver muy claro que para él el castigo contra la deserción era la muerte y como nuestro soldado había desertado tenía más que merecida la pena de muerte. Y ese era justamente mi argumento: el ejército era una maquinaria bien organizada y con una disciplina férrea, tienen armas y la consigna de matar a discreción; nada salvaría al capitán en caso de ser deportado a México, donde fuera que estuviera corría el peligro de ser asesinado, o sea que se le cumpliera ese código militar e inhumano del que tan orgulloso se mostraba el fiscal. La versión del fiscal, aunque hablara de otro ejército validaba la amenaza de muerte que lo llevo a huir del país. El código militar nos recordó el fiscal puede ir en contra de la democracia y cancelar las libertades –como la de disentir- y los derechos que debe garantizar el Estado, entre los que se encuentra en primer lugar, el derecho a la vida.

El siguiente paso del fiscal fue intentar descalificarme como testigo experto. Eso de testigo experto consiste en alguien que por su actividad profesional puede explicar un fenómeno o acto social o político y no necesariamente haber sido un actor protagónico del evento en cuestión o que sea experto, como en este caso, en temas militares.

- ¿Ha estado usted alguna vez en el ejército? preguntó el ex-marino.

- Me dieron ganas de contarle como había yo pagado diez pesos o su equivalente en camisas al sargento a cambio de evadir asistir a las prácticas semanales del servicio militar, pero eso hubiera distraído el tema porque no se trataba de juzgar la corrupción en el ejército mexicano, sino argumentar que en efecto ajusticiarían al objetor de conciencia.

- No, respondí.

- ¿Alguna vez estuvo usted en un juicio militar?

- No.

Y así siguió hasta que llegó el turno de Spector.

- ¿Alguna vez estuvo usted en una batalla en la revolución mexicana?

Yo creí que Spector desvariaba pero la jueza entendió de inmediato por donde iba la argumentación.

- Esta bien Carlos, no sigas. He entendido el punto y no perdamos más tiempo.

Una sola pregunta destruyó la estrategia del fiscal. Yo no tenía que haber estado en la revolución mexicana para escribir con autoridad sobre ella y tampoco tenía que haber atestiguado un juicio militar para entender la conducta del ejército mexicano y sus abundantes historias de abuso. Mi testimonio ocupó diez y seis páginas de una sentencia de 60 donde la jueza le otorgó el asilo al militar, quien de inmediato se escondió ante la sospecha que el brazo ejecutor del ejército mexicano llegará hasta Estados Unidos, cosa que también asegure en mi testimonio. A la mente me vinieron algunos de los casos donde en territorio estadounidense han ejecutado a opositores del gobierno y no había razón para que esto no sucediera en este caso, que además le era muy molesto al ejército mexicano y al gobierno de Estados Unidos porque seguía derrumbándose la noción de la democracia mexicana que ellos contemplaban para continuar su alianza con los gobiernos mexicanos. Así como Poblano irritaba a la migra, el capitán irritaba al ejército: los casos de asilo político de mexicanos descubren el velo que tapa el autoritarismo mexicano y que en el papel Estados Unidos ha convertido en democracia porque así le conviene.

Discutí mucho con Spector sobre la razón para que hubiera una diferencia tan grande entre el asilo a los cubanos y a los mexicanos. En ese entonces un cubano ponía un pie en Estados Unidos, decía que quería asilo político y este se le otorgaba de inmediato y junto con el asilo venía asociado un permiso de trabajo[24]. Sin embargo, según el gobierno de Estados Unidos, México estaba catalogado como una democracia y según eso la gente no huye de un país democrático, luego entonces los que se decían perseguidos ocultaban algo[25]. Así como los indocumentados procrean para que los hijos los anclen y los protejan de la deportación, los perseguidos falsean la realidad para provocar la conmiseración y ser acogidos como víctimas de la intolerancia y el abuso político.

Unas semanas después del juicio del militar recibí dos mensajes. Una llamada de Mario Ruiz Massieu que estaba detenido por haber entrado a Estados Unidos sin declarar que llevaba más de 10,000 dólares en efectivo, pero el caso muy rápido se transformó, tal vez porque él había estado a cargo de la lucha contra el narcotráfico en la Procuraduría General de Justicia, el me preguntó sobre el juicio de asilo y le sugerí que a él le convendría solicitarlo y transformar la lucha poniendo en la mira al gobierno mexicano y no al de Estados Unidos, había que cambiar la estrategia para evitar la deportación a México: unos días después apareció "suicidado".

Después de eso me buscó por correo electrónico un hombre que había sido convertido contra su voluntad en la mujer de un policía judicial y que habiendo escapado del país con la libreta negra del policía, temía con mucha razón que este lo matara al regresar deportado al país, yo le aclaré que la persecución sexual cabe en el estatuto de asilo político[26], pero el carecía de fondos para contratar a un buen abogado. No supe mas de el. La abogada Aggie Hoffman de Los Ángeles, California, pudo asilar en 2007 a un mexicano homosexual demostrando que la policía mexicana no solamente no lo protegía sino que ellos eran abusadores, y el apoyó su caso indicando que hasta un familiar había abusado de el.

El número de mexicanos que solicitaba asilo en los 1990s llegaba a varios miles por año (ver tabla XVI) y el gobierno de Estados Unidos en lugar de aceptar que algo grave estaba sucediendo en México empezó a manejar que no eran casos verídicos, que los indocumentados guiados por el engaño de los notarios hacían esa trampa para conseguir permisos de trabajo, aprovechando el beneficio de la ley. En ese tiempo, y el gobierno de Estados Unidos no era inocente, se construía un tropo identitario donde todo lo mexicano era mentira y así había que tratar a todo lo que venía de México, incluidos los perseguidos. Reconocer la persecución mexicana implicaba tener que corregir la clasificación del departamento de Estado que sostenía que solamente quedaba una dictadura en América Latina (Cuba), e implicaba incluir a México entre los países que pisoteaban los derechos humanos y formular un trato especial, especialmente por lo que toca a programas de ayuda y asociaciones comerciales. La política era cancelar las relaciones económicas con los países con violaciones sistemáticas a los derechos humanos, Estados Unidos había hecho una excepción con China lo que merecía muchas críticas, pero México está mucho más cerca en muchos sentidos. ¿Cómo romper el punto fundamental del contraste entre México con Cuba, para la isla cada solicitud de asilo era una prueba fehaciente de que la gente huía de la dictadura castrista y qué representaba para México?

Parece haber una coincidencia entre los burócratas estadounidenses y los esfuerzos mexicanos por presentarse como una democracia, por ejemplo, aceptaron que en el Tratado de Libre Comercio con la Unión Europea se incluyera una cláusula de democracia para que no quede duda de que el trato económico especial se le da a un país respetuoso de la libertad y los derechos. Con Estados Unidos se puede encontrar una cierta complicidad entre las elites políticas que se traduce en el ocultamiento de la persecución mexicana eliminando a México de los reportes formales de solicitud y otorgamiento de asilo. México no aparece en la lista de asilados por país de origen en el anuario del Departamento de Seguridad Interna (2006), sin embargo, aparece Norte América; como parecería que de Canadá no se asila nadie porque cruzan sin pasaporte, podemos asumir que los números regionales corresponden a México, eso claro a reserva de que nos aclaren que algún burócrata haya decidido incluir datos de otros países caribeños o centroamericanos como si fuera Norteamérica, pero igual habría que aclarar las cifras correspondientes a México.

Tabla XVI
Asilo político de norteamericanos en Estados Unidos. 1997-2006

Año	Solicitudes de asilo	Asilo otorgado afirmativamente*	Asilo otorgado defensivamente**	Mexicanos que recibieron asilo afirmativo	Mexicanos que recibieron asilo defensivo	Total mexica nos
1997	2,986	1,765	1,013	ND	ND	ND
1998	1,587	1,704	800	37	34	71
1999	D	1,349	718	56	43	99
2000	3,233	1,394	715	42	47	89
2001	2,968	1,689	767	51	46	97
2002	1,924	1,374	728	35	37	72
2003	305	1,498	917	35	64	99
2004	2,998	2,211	940	53	68	121
2005	6,368	2,910	1,015	85	34	119
2006	3,145	3,625	1,001	84	48	132
2007	2,922	2,280	1,065	108	48	156

En menos de dos años las solicitudes de mexicanos buscando asilo en los Estados Unidos se han incrementado, al pasar de 254 en 2009, a 2 mil 973 en 2010 y a casi 5 mil hasta septiembre de este año, la mayoría como resultado de la violencia provocada por los cárteles del narcotráfico, indican datos del Servicio de Ciudadanía y Migración de Estados Unidos. (El Universal)
* El asilo afirmativo es el que se solicita voluntariamente
** El asilo defensivo es el que se solicita después de haber sido detenido
D Datos retenidos para su liberación limitada.
Fuente: Yearbook of Immigration Statistics. 2006.
http://www.dhs.gov/ximgtn/statistics/publications/YrBk06RA.shtm. Tablas 14, 17, 19

Asumiendo que todos los datos de solicitantes norteamericanos sean mexicanos, es indudable que los niveles de solicitud y aprobación fueron muy elevados. Solamente en los tres últimos años de la década de los 90s se aprobó el asilo de 4,818 personas y en los años de la alternancia, con el gobierno de "el cambio" que llegaba a limpiar los abusos del PRI, se recibieron 17,798 solicitudes y se otorgaron 18,675 solicitudes de asilo, aún cuando la información del gobierno estadounidense es parcial y equívoca, dejan ver que en el período de 1998 a 2007 se aprobaron 1,055 solicitudes de asilo.

Ha habido cambios en la política y legislación inmigratoria y el asilo no se ha quedado atrás, hoy es cada día más difícil recibir asilo y se han impuesto más requisitos, destacando por su severidad la exigencia de que la solicitud se presente a más tardar antes de cumplir un año de estancia en Estados Unidos. Durante el año 2008 se desató una oleada de violencia en una parte de la frontera Norte de México que propició la solicitud de asilo político de policías y de un periodista amenazado por el ejército. La actitud de ICE fue en algunos casos informar sobre los policías solicitantes de tal manera que su vida se ponía en peligro violando de hecho las leyes sobre el tema, en el caso de un policía este fue encarcelado y su esposa e hija enviadas hasta el norte del país, alargándose la decisión de iniciar el juicio de amparo hasta que el se desesperó y solicitó fuera deportado a México, asumiendo que tendría que esconderse para protegerse: en el caso del periodista este también fue encarcelado y duró en la cárcel siete meses, primero porque según ICE no había demostrado su identidad y después de entregar su credencial de elector el argumento fue que no se comprobaba que no era un peligro para la sociedad. El propósito de ICE parece ser agotar a los perseguidos hasta que estos se retiran del país. Dejan ver entonces muy claro que Estados Unidos se excluye de la lista de naciones que protegen los derechos humanos.

Esto si bien responde a la necesidad de frenar las solicitudes de asilo fraudulentas que manejaron algunos notarios públicos, afecta al perseguido que muchas veces se esperaba algunos años con la esperanza de que las cosas se mejoraran en su país. El fraude se generó porque la petición de asilo normalmente recibía un permiso de trabajo, con esta reforma se anuló la concesión del permiso de trabajo. Los solicitantes reciben permiso de trabajo solamente después de seis meses de haber entregado formalmente la solicitud (**filing**). De nuevo mientras que esta medida responde al fraude, el refugiado estará cerca de violar la ley porque tendrá que trabajar para comer.

Los que no entregan la petición en el plazo de un año reciben una condición que se llama **witholding of removal**, que implica que la solicitud se revisa cada año según las circunstancias del país en cuestión. De lo que no queda la menor duda es que así como México expulsa refugiados económicos, también esta expulsando a muchos que no quieren seguir exponiéndose ante un mundo de intolerancia y represión; paralelamente, así como los indocumentados o refugiados económicos se arriesgan a la intolerancia en Estados Unidos, los perseguidos por su raza, religión, ideas y preferencias sexuales han iniciado el trayecto de la protección en un país que los rechaza, pero como siempre hay una posibilidad de ganar la partida, ¿por qué no intentarlo?

Hay un factor cultural adicional de no poca monta. El que viene huyendo normalmente lo hace de la policía o fuerzas estatales que lo persiguen o que se han negado a protegerlo, y al entrar se encuentran con agentes legales que pueden asociarse con los de su país, luego entonces tienden a mentir. Su problema consiste en que al llegar con el juez y tal vez sentirse protegidos dirán la verdad, pero la declaración inicial, que es cuando mintieron, tiene un gran peso legal, especialmente porque el juez podrá poner en tela de juicio su credibilidad y sus posibilidades de protección se reducen, enfrentando la deportación y en consecuencia los peligros que lo llevaron a huir desde el principio. Pero para los que formularon y aplican la ley anti-inmigrante las diferencias culturales no cuentan, simplemente tratan a los perseguidos con todo el peso de una ley que perdió de vista que tratan con seres humanos.

A últimas fechas se ha registrado un flujo importante de solicitantes de asilo político a Canadá[27] pero también hay gente en México que está descubriendo que la poca efectividad del gobierno mexicano les abre la puerta del asilo a Estados Unidos, en este grupo se encuentran policías amenazados por el crimen organizado, mujeres agredidas y víctimas de violencia familiar, homosexuales, etc. Los mexicanos descubrieron que la derrota del PRI no representó el fin del abuso y que en muchos casos este se ha exacerbado y que no pierden nada tratando de abrir las puertas de la protección en el norte, aunque como vimos hay fuerzas que insisten en tapiar la entrada.

Para el gobierno de Estados Unidos parece ser embarazoso aceptar que el gobierno que apoyan, que el ejército que sostienen y con el que tratan de reeditar el Plan Colombia (en México se llama Plan Mérida) es un ejército violador de derechos humanos.

No hay que sorprenderse de la actitud estadounidense. En el caso de China han ignorado su política de no apoyo a gobiernos violadores de los derechos humanos a cambio de relaciones económicas, y en el caso de México este puede ser el caso, no sacrificarán los intereses económicos a cambio de condenar o censurar a un gobierno que abusa de sus ciudadanos, donde la tortura continúa siendo un método de investigación policíaca y donde la sociedad se queja de los múltiples abusos y violaciones a los derechos humanos sin que haya ninguna consecuencia positiva ni cambios de política.

La marcha del millón

La movilización ha sido siempre una necesidad de los sectores oprimidos, necesitan mostrar que cuentan con el apoyo de los propios para convencer a otros a que se sumen a la lucha, alertar a los opositores sobre el peso político que se tiene y que puede convertirse en decisiones y acciones fuertes. Un ejemplo en la política estadounidense es Louis Farrakhan, el líder negro islamista con claras inclinaciones derechistas cuyo discurso es racista, sexista, anti-semita y profundamente intolerante; el convocó el 16 de octubre de 1995 a una marcha de un millón de negros a Washington (http://en.wikipedia.org/wiki/October_16"\o"October 16, http://en.wikipedia.org/wiki/1995" \o"1995"). En la agenda se incluía promover el registro electoral para que la gente vote en las elecciones en Estados Unidos e incrementar el involucramiento en diversas áreas como son el voluntariado y el activismo comunitario. Los oradores criticaron fuertemente a la ofensiva republicana, ya que al apoderarse este partido del poder legislativo en 1994 (destaca el Contrato con América http://en.wikipedia.org/wiki/Contract_with_America" \o "Contract with America), puso énfasis en atacar los programas de bienestar como **Medicaid** (http://en.wikipedia.org/wiki/Medicaid" \o "Medicaid"), de vivienda, ayuda a estudiantes y de educación. En el discurso republicano se sostenía que los negros no querían trabajar, que abusaban del sistema y que había que re-cortar la ayuda para lanzarlos al mercado de trabajo.

La iniciativa de Farrakhan fue exitosa y tuvo un gran impacto, le movió el tapete a los republicanos porque podían esperar un giro electoral hacia los demócratas, ya que no existe ninguna otra opción partidista en ese país. Pero también inspiró a los hispanos que creyeron podrían dupli-car la experiencia logrando una gran movilización que mostrara su peso político, si no mayor, por lo menos similar al de los negros.

En marzo de 1996 el liderazgo hispano dividido convocó a una mar-cha (la Mexican American Legal Defense and Education Fund (MALDEF) y the National Council of La Raza se opusieron porque supuestamente no estaban claras las demandas políticas de la marcha). Entre las demandas que se articularon para la marcha se encontraba continuar los programas de acción afirmativa, salario mínimo de $7 la hora, ampliar el programa de amnistía para inmigrantes indocumentados y más servicios de salud pú-blica. La marcha no logró movilizar los cien mil manifestantes esperados y mucho menos unir al liderazgo hispano, tal vez por las divisiones ideológicas existentes entre los organizadores con fuertes conexiones sindicales, al que ciertas organizaciones se negaran a apoyar el proyecto y a la condición precaria de muchos latinos que no se pueden dar el lujo de abandonar sus empleos porque requieren el ingreso.

Lejos estamos hoy de aquellos proyectos ideológicos como el Partido de la Raza Unida, hoy encontramos grupos desideologizados y actores abiertamente camaleónicos que se inclinan hacia las fuerzas que les aseguran una promoción política personal. Uno ve hispanos entre republicanos y demócratas y algunos que sin dudar se pasan de un partido a otro –casi como en México donde abundan los políticos chapulín y camaleón-. El tema parece ser el del avance individual y no la articulación de una agenda comunitaria.

El liderazgo hispano se ha modificado profundamente. Nos hemos alejado de aquellos que tenían visión e ideología para llegar a organizaciones abiertamente oportunistas que escudados en la etiqueta hispana sostienen grandes burocracias que bloquean o sabotean las acciones más radicales de la comunidad. Se escucha con frecuencia el argumento de que la única solución para la comunidad hispana es empadronarse y votar, sin considerar que la política del régimen ha sido justamente la de evitar que ambas cosas sucedan. (Ver más arriba sobre el freno a la naturalización). Si bien es correcto plantear la construcción de ciudadanos y eso parece ca-minar por medio de la adquisición de derechos políticos entre los que está el ejercicio del voto, HACU sostiene que el aumento del registro de votan-tes de 1990 a 1998 corre paralelo al aumento de estudiantes universitarios (http://www.hacu.net/images/hacu/hispanic_voter_reg.pdf), el Pew Reserach Center considera que en 2010 arriba del 9% de los votantes elegibles a nivel nacional eran latinos, aumentando de 8.6% en 2006 (http://pewresearch.org/pubs/1790/2010-midterm-elections-exit-poll-hispanicvote). De cualquier manera la propuesta es desmovilizadora porque tiende a inmovilizar a la gente con el pretexto de que mejor esperamos a que se pueda votar y entonces inclinar las cosas. Una línea de acción puede ser utilizar el poder económico de la comunidad para responder ante las agresiones que se reciben, pero entonces encontramos que muchos hispanos enriquecidos se vuelven conservadores y asumen un discurso anti-inmigrante alineándose con las causas de la derecha que es anti-inmigrante y racista, como se muestra en la elección de 2010 donde una hispana ganó la gubernatura de Nuevo México y de inmediato asumió una postura anti-inmigrante.

El nuevo liderazgo hispano está mejor preparado, son los hijos de la movilización que le abrió las puertas de las universidades a los hispanos, pero están desideologizados. Sus organizaciones tienen dinero pero muy poca efectividad. Si bien creyeron haber logrado la oferta de Obama para promover una reforma migratoria a cambio del esfuerzo de promoción del voto (arriba del 69% vota normalmente demócrata), este se escabulló de la promesa y recién la retoma en sus esfuerzos reeleccionistas en 2011.

Entre las demandas más sentidas en la marcha, que además tenía una intención articuladora entre los distintos grupos étnicos se encuentra la educación bilingüe, la que buscaba preservar la cultura y la lengua materna; pero también esta ha sido atacada por los republicanos, los que intentaron cancelar esos programas, pero al no poder hacerlo les retiraron el apoyo económico. El discurso en contra de los inmigrantes es que se oponían a la integración y la educación bilingüe afectaba el predominio del inglés, cuestión que se articula en el movimiento de **English only**. Esta demanda tiene un impacto estructural porque refuerza los tropos identitarios de las comunidades hispanas, si se abandona empezara a languidecer en las marañas burocráticas del sistema educativo y sufrirá el embate de los grupos políticos que pueden amedrentar a la burocracia.

Una de las paradojas sobre las conquistas educativas la viven aquellos hispanos que lograron una educación y título sin atribuirle la creación de condiciones favorables al activismo comunitario, pensando que es solamente su habilidad o méritos personales y por eso no piensan que deben retribuirle nada a la comunidad. No hay duda que sin méritos personales no hubieran logrado mucho, pero sin los movimientos sociales que inclinaron al sistema a abrir las puertas, muchos jóvenes talentosos difícilmente hubieran podido llegar muy lejos.

El sistema también tiene trampas propias. En la Universidad de California en Los Ángeles se abrió el primer centro de estudios chicanos, y sus académicos se enfrentaron a una disyuntiva: volcarse hacia la comunidad y retribuirle con servicios académicos y políticos por el apoyo político prestado; o cumplir con las exigencias de publicación y trabajo académico que les exigía la universidad. Ganó la universidad porque les aseguraba una ocupación y un proyecto de vida y por supuesto la comunidad lo resintió. No es una situación sencilla de resolver, porque en cualquier sistema universitario en el mundo los académicos deben cumplir primero con sus obligaciones y requerimientos y posteriormente ya podrán hacer servicio comunitario; así nos encontramos en un sistema donde nadie gana, los intereses de la comunidad se afectan porque depende de la acción de los académicos, sin darse cuenta que la expectativa era desmedida y pretendía crear una situación de excepción, en el largo plazo, los hijos y nietos de ese activismo político parecen estar muy lejos de las demandas originales; y todos los actores parecen sucumbir ante las exigencias de un sistema inmisericorde que tendió trampas sociales.

El 1 de Mayo

El 25 de Marzo de 2006 se dio la primera gran marcha a favor de la legalización y los derechos de los trabajadores. Una comunidad usualmente silenciosa se volcaba a las calles. No solamente las leyes se habían endurecido (ver apéndice I) sino que el discurso anti-mexicano se extendía como si tuviera metástasis.

¿Qué había sucedido para que la gente perdiera el miedo y saliera a la calle? Varios elementos se conjugaron para convencer a la sociedad no solamente que tenían derechos, argumento que usaba cualquier abogado, sino que podían reclamarlos. Uno de los factores fue el rebase del liderazgo tradicional que se asociaba mucho con los viejos líderes chicanos muchos de los cuales venían del viejo comunismo dogmático mexicano y cuyo estilo se ajustaba a la organización de grupúsculos que se enfrascaban en pequeñas luchas que les permitían recaudar dinero para hacer de la política una profesión, casi condenados a las márgenes del poder político, lo que les permitía presentar una imagen, algo falsa, de independencia y un escaso avance político real.

Otro factor fue el cambio demográfico que mostraba a una comunidad que rompía el ciclo de regreso al país y que ahora buscaba asentarse en Estados Unidos por lo que la deportación destruía por completo proyectos de vida. Protestando tenían mucho que ganar frente al deterioro de una situación en la que no podían influir.

Un factor adicional no menor, es el surgimiento de conductores de radio cuya popularidad les permitía penetrar en las comunidades. Dos personajes destacan, El Piolín en Los Ángeles y el Cucuy en Chicago que llamaron a la comunidad a salir a la calle, y esto se complementó con la intervención abierta de las iglesias que reforzaron el llamado. Si bien las iglesias normalmente han mantenido una postura muy comprometida con los indocumentados, esta combinación logró sacar a la calle alrededor de 2 millones de personas en más de 130 ciudades.

Sin embargo la movilización per se era insuficiente. En el camino hay dos elementos: el aspecto cultural estadounidense que rechaza las manifestaciones callejeras y llama a la sociedad a que se empadrone y vote como medio de presión política, y como solamente hay dos opciones partidistas, a la hora de votar el individuo se da cuenta que ha sido despojado de la poca influencia que tenía y de paso fue desmovilizado. El otro factor fue la intervención de aquellos que veían con temor y aprensión la movilización y la explosión se da justamente en Los Ángeles que no solamente tuvo una fuerte presencia en las marchas sino que contaba con un alcalde hispano. El golpe llegó como una provocación abierta de la policía contra el alcalde Antonio Villaraigosa al agredir abiertamente a los manifestantes.

El año 2006 fue un caso excepcional, la gente hizo sentir su presencia, levantó la voz y demostró que puede ganar la calle, justo igual como hacía en su terruño. Las manifestaciones masivas mostraron que la gente no solamente ha importado a Estados Unidos sus hábitos de trabajo, alimenticios, gustos musicales, sino también los estilos de hacer política que se aplican en un régimen autoritario, pero tal vez han descubierto que el espejismo de la democracia estadounidense no incluye los derechos y libertades políticos de los desplazados y que no basta con solicitar de una manera gentil que no abusen de uno, sino que se tiene que mostrar energía y determinación. Las marchas no rindieron frutos, la migra se frenó temporalmente pero en breve reanudó las deportaciones y el montaje anti-inmigrante continuó, las protestas callejeras no se han repetido por varias circunstancias: el liderazgo tradicional rebasado no podía permitir que dos conductores de radio los mostraran con toda su inefectividad y optaron por tratar de recuperar el liderazgo, el que en realidad nunca tuvieron entre la comunidad en general, y la derecha estadounidense, cuya acción ha alimentado la paranoia social, pasó al ataque censurando todo lo que podían, empezando porque la gente tomó la calle y porque hubieran aparecido banderas mexicanas en las marchas, pero más que nada tratando de asegurarse de silenciar a esa comunidad que aprende a hablar alimentando los miedos de los que ven aproximarse un cambio que les parece desagradable, finalmente los estadounidenses siempre han rechazado el mestizaje y optan por eliminar a los que ponen en peligro el predominio pigmentocrático[28]. Los conductores de radio se rehúsan a jugar políticamente, quieren que se vea muy clara su distancia respecto a los activistas convencionales y esto tal vez se deba a su conexión con cadenas de medios como Univisión que busca ubicarse dentro de la corriente y no quiere ser ligada con las marchas.

Hoy por hoy la acción concertada de la migra con los grupos ultra-conservadores y el avance indiscutible de éstos en el terreno legal y de promoción anti-inmigrante en muchas ciudades y varios estados, ha logrado que la sociedad deje de dar muestras públicas de su fuerte músculo y se vuelva a esconder tras larguísimas jornadas de trabajo en esas viviendas donde se hacina temiendo la llegada de la policía migratoria que lo deportara, a cambio se sumergen en la nostalgia viendo telenovelas (Uribe 2009). O a que cambien las circunstancias para que continúen trabajando.

Hay activistas que quieren convertir al primero de mayo en el día del inmigrante, pero lo cierto es conforme pasan los años y avanza la agresión gubernamental contra los inmigrantes la gente prefiere no mostrarse, no vaya a ser que también en un desfile realicen redadas, porque ICE ya anunció que revisara los refugios cuando la gente huya de los huracanes y las redadas ya han alcanzado las escuelas.

Se ha tratado de convertir el 1 de mayo en la fiesta de los migrantes y existen grupos que insisten en realizar movilizaciones, pero el futuro todavía mostrará si los hispanos se adaptan a la nueva cultura abandonando sus efemérides[29], o si insisten en el trasplante de la realidad

El debate migratorio

En 1992 René Ronquillo fue deportado hacia su país natal: El Salvador. Regresó a Estados Unidos y solicitó asilo político pero no continuó con el caso debido a que se casó con una ciudadana estadounidense con la que tiene dos hijos. La esposa es obesa hasta un nivel de enfermedad grave y requiere de la asistencia de su esposo.

Cuando se solicitó la suspensión de la deportación en base a razones humanitarias esta fue negada debido a que no anexó su pasaporte en la solicitud. Según el agente de migración sin el pasaporte no podía demostrar que era ciudadano de El Salvador aunque la orden de deportación determinaba que sería enviado a ese país. Cualquiera podría pensar en que este sistema o mejor dicho, este tipo de criterio está inspirado en Kafka, ese escritor cuya literatura describe situaciones absurdas como que una persona despierte convertida en un bicho. La verdad no llega a tanto, Kafka estaba preocupado por la búsqueda de la verdad y por el sufrimiento humano, mientras que en Estados Unidos se ha diseñado un sistema deshumanizado donde se busca el menor tecnicismo para destruir la vida de las personas incrementando su sufrimiento, tratando de proteger al burócrata que negó una petición aún cuando se le presentaron suficientes evidencias que destacaban las consideraciones humanitarias del caso. Con Ronquillo la culpa era del abogado que no incluyó el pasaporte en la solicitud, documento que por cierto no poseía el "indocumentado".

No hay la menor duda que la familia Ronquillo sufrirá por la decisión del funcionario inmigratorio, pero eso está más allá de las consideraciones de una burocracia insensible que aplica criterios de una crueldad extrema. En Estados Unidos prevalece el concepto de ser un país de leyes aunque la justicia no siempre se aplique, en este caso vemos como la injusticia va por delante destruyendo en el camino vidas, sueños, y esperanzas. Podríamos decir que esta política es resultado del debate migratorio, cuyo impacto se resiente no solamente en la sociedad sino también entre los funcionarios que toman decisiones cotidianas por lo que toca a la implantación de la ley.

El debate migratorio ha ido cambiando con los años. En la década de los 1990's estaba basado fundamentalmente en criterios socio-económicos. Se sostenía que los inmigrantes y especialmente los mexicanos, al supuestamente no pagar impuestos necesariamente abusaban del sistema del seguro social, del sistema de salud y por supuesto del sistema escolar. Al llegar poco calificados despojaban de sus empleos a los estadounidenses lanzándolos al seguro de desempleo y eso le creaba fuertes presiones a las finanzas públicas. Los mexicanos se negaban a integrarse a la sociedad estadounidense y debilitaban a la cultura, de ahí se alimenta la postura política que reclama el predominio del inglés y que se articula en una propuesta llamada **English only** que busca liquidar los programas bilingües. Y finalmente, como eran pobres y con poca escolaridad, cumplían con un perfil criminal y elevaban las tasas de criminalidad.

El discurso cambió desde el momento en que empieza a construirse una política de guerra de baja intensidad en la frontera y se agrega a los criterios socio-económicos el argumento de la droga: los mexicanos están asociados al narcotráfico y todos los indocumentados son "camellos" en potencia; más adelante se les asoció con el terrorismo, no obstante que en

Oklahoma se demostró que la bomba la habían puesto ciudadanos estado-unidenses. El juego de la derecha era montar el tema de la inmigración con los miedos coyunturales y lo han logrado con bastante éxito.

El estado de ánimo anti-inmigrante se está mostrando en todos los frentes y ante la menor provocación se desatan reacciones violentas. La ultraderecha organizada ha plantado esta semilla y le ha germinado con éxito. Comentaristas de televisión como Lou Dobbs (Fox news), Pat Buchanan (MSNBC) y Rush Limbaugh (sindicado en radio) han logrado distorsionar el debate introduciendo un elemento emocional negativo que raya en lo enfermizo y esto, en parte ha propiciado que esta misma derecha haya actuado sin sensatez llevando la postura al extremo que ya resienten la acusación de racismo, alejando de su terreno de influencia a muchos ciudadanos moderados. De esta manera, aunque el discurso ha permeado al imaginario social, empezó a generar un debilitamiento de su impacto político, por lo que con una gran capacidad de adaptación han pasado al discurso de la defensa de la ley para continuar haciendo daño. Parte de esta maniobra ha sido presentar a los demócratas como pro-inmigrante para acorralarlos en las elecciones, pero ya veremos cómo esto es muy relativo.

En el mismo terreno y como recurso para quitarse la cara de racistas que inspira sus actos, han asumido el argumento de la defensa de la soberanía en Estados Unidos para justificar el endurecimiento anti-inmigratorio. De esta manera el cambio de discurso se ha concentrado en la postura "A favor de la ley y del orden" y ya en ese terreno han llegado a exigir que se frene la salida de remesas económicas con el argumento de que estas pertenecen a la nación o por las que hay que pagar impuestos.

En el terreno de lo político-electoral es interesante que para los votantes, aún para los republicanos, la cuestión inmigratoria no se encuentra en el primer lugar de sus preocupaciones y mucho menos es lo que los lleva a votar (todo indica que en el 2008 fue la economía y la guerra), sin embargo, el tema se ha elevado a una altura inconmensurable buscando que penetre en la conciencia de los estadounidenses para terminar de consolidar un clima de rechazo y de odio, hacia aquellos que entran a trabajar sin documentos, y que se ha traducido en múltiples leyes y ordenanzas anti-inmigrante. El debate anti-inmigratorio tiene tintes racistas muy sólidos que tratan de disfrazarse de una legalidad absurda cosa que han logrado con cierta eficacia.

Los medios de comunicación electrónicos no han jugado neutralmente, están manejando el debate inmigratorio incluyendo a "expertos" que tienen un interés concreto en una parte del mismo, pero se cuidan mucho de no incluir a ambos lados de la moneda en la discusión. Cuando en pro de la objetividad incluyen aunque sea brevemente al otro lado en la contienda y se invita la voz de los hispanos, es frecuente ver que no se invite a las personas más preparadas, como podrían ser los académicos, escritoras y que han triunfado en Estados Unidos, para en ocasiones incluir a gente que será fácil rebatir y hasta hacer quedar mal, así de-muestran el "bajo nivel" discursivo de los inmigrantes y su baja coopera-ción para el engrandecimiento intelectual de la nación. Un diseño perverso que refuerza las peores tendencias políticas e ideológicas.

Mientras que la cadena Fox, que se ha caracterizado por su conservadurismo y abundancia de comentarios extremistas en contra de los inmigrantes, ha asumido la perspectiva republicana, incluye a conductores como Lou Dobbs a los que solamente les falta echar espuma cuando hablan del tema; una cadena supuestamente más moderada (¿liberal?) como MSNBC, ha invitado como experto en inmigración a Pat Buchanan, el furibundo ex candidato presidencial republicano que sostiene que la inmigración indocumentada es un plan secreto del gobierno de México para recuperar los terrenos despojados en el siglo XIX. Y eso para ellos es una muestra inconfundible de objetividad.

No hay una orientación objetiva para explorar el tema y cuesta mucho trabajo poder introducir las verdaderas cifras y la contribución objetiva de la economía indocumentada, que sin duda ha hecho mucho para mantener una inflación baja y una productividad elevada que le permite a Estados Unidos competir en el mundo. El tema está lleno de paradojas, considérese que la producción de aguacates de California trata de –además de contar con fronteras cerradas- competir con los aguacates mexicanos gracias al bajo costo de la mano de obra mexicana en California, sin eso estaría totalmente fuera del mercado.

El debate se ha concentrado básicamente en los mexicanos dejando de fuera a muchísimas comunidades que sufren el acoso y la persecución, y esto se ha revertido en contra del movimiento pro-inmigrante porque muchas veces las comunidades no entienden que el golpe no es solamente contra los mexicanos sino contra todos los demás. Una muestra de la distorsión del debate se encuentra en el momento en que los agentes empezaron a detener musulmanes acusándolos de terroristas; ningún líder mexicano salió a hablar por ellos y por el contrario, asumieron el discurso de que eran culpables. Posiblemente pensaron que con esto distraían la atención, pero no se dieron cuenta que solamente se dieron un balazo en el pie porque mostraron sus puntos débiles. Los anti-inmigrantes encontraron falta de solidaridad y la posibilidad de evitar la unidad de los perseguidos.

El otro aspecto consiste en la dificultad para lograr un movimiento pro-inmigrante inclusivo que se desborde a temas secundarios, por ejemplo que incluya al movimiento gay-lésbico. En parte como la iglesia es un actor importante en la protección a los inmigrantes, logran desplazar la atención a estas personas dada su postura de rechazo a la libertad sexual.

No hay la menor duda que los inmigrantes llevan perdida la batalla de la comunicación y que los medios no cooperan para nivelar el terreno[30], porque para esto responden a los intereses de los dueños de los medios y además se asientan sobre el desnivel provocado por los políticos y con esto se limita la capacidad para influir en el discurso y el imaginario social.

La ley supone que los inmigrantes indocumentados potenciales deben tener conocimiento de la ley respectiva, sin embargo, hay muchos abogados que no la conocen, especialmente por las transformaciones que esta tiene, pero los agentes inmigratorios le exigen al inmigrante que conozca las últimas modificaciones y especialmente las últimas sanciones. Un deportado que regresó sin permiso antes de 1997, al ser atrapado se enfrenta con que la ley les da el poder a los agentes para que lo vuelvan a deportar sin tener acceso a un juez. En efecto se ha creado una situación absurda que refuerza el alejamiento de criterios humanitarios culpando de ello al inmigrante. Estados Unidos no se ve a sí mismo como un refugio en contra del abuso en el mundo, tal vez porque en gran medida es parte de este mismo abuso[31]. Cuesta mucho trabajo convencer a estadounidenses que la fuerza que ha empobrecido a una buena parte del mundo tiene que ver con las potencias económicas que explotaron a esos países. En el caso de América Latina este rol le pertenece sin duda alguna a Estados Unidos. Sostener esta argumentación acarrea que los vean a uno como un radical desquiciado que conserva ese discurso extremista de los 60s y 70s. Estados Unidos no se ve como un país en el concierto de las naciones que debe actuar en concordancia con los demás, por el contrario, cree que los demás se deben adaptar a ellos y esto se ve con nitidez en el discurso migratorio donde todos deben someterse a consideraciones inhumanas y legitimadas porque el congreso lo sancionó.

XII. La dimensión política en Estados Unidos

Migración y deportación son dos componentes tempranos de la política americana, se combinan la expulsión de los indeseables con la limitación de los que entran así las restricciones migratorias son muy tempranas. Cuando Inglaterra le gana la guerra a Francia (1756-1763), para consolidar su poder en la costa este busca que las colonias no se muevan al oeste de las Allegheny Mountains, esta es una sierra de unos 800 km que se extiende desde Pennsylvania hasta Virginia siendo parte del sistema de los Apalaches y así se establece la primera prohibición contra la migración. Esto por supuesto no la frena y diez años después tratan de imponen impuestos y confiscar la propiedad de los que emigraron. Esto es lo que dispara de alguna manera la revolución americana en contra de los impuestos coloniales.

La noción de la deportación también se presentó temprano. Thomas Jefferson tenía 300 esclavos, estaba convencido que eran biológicamente inferiores y pensaba que tarde o temprano había que liberarlos y deportarlos porque no podían integrarse a la sociedad americana. Esa expulsión era una solución al problema de la esclavitud aunque nunca la implantaron.

A lo largo de los años uno encuentra diversas leyes que simultaneamente limitan la entrada y expulsión de distintos grupos étnicos.

En 1971 Reagan como gobernador de California logra que se apruebe una ley con sanciones a los empleadores de indocumentados y a partir de ese año, el debate inmigratorio se caracteriza por el énfasis en el impacto negativo de la inmigración: entre los aspectos que se destacan se encuentra que causa desempleo, no pagan impuestos y usan servicios sociales. 15 años después logran introducir éstos elementos en la legislación a nivel nacional aunque lo hacen junto con una amnistía.

En 1986 el argumento cambia y los inmigrantes son narcotraficantes y posteriormente terroristas. Son un riesgo de seguridad y la inmigración pasa de ser un tema económico a uno de seguridad nacional.

En 1993 las fuerzas anti-inmigrante logran conectar los actos de terrorismo con el ataque al World Trade Center y Oklahoma –que fueron realizados por ciudadanos de Estados Unidos-con el tema de la inmigración indocumentada. Ya desde la definición de la guerra contra las drogas bajo Reagan se intentó ligar ambos temas e inclusive se justificó emplazar tropas en la frontera y manejarse una guerra de baja intensidad.

Rodríguez (2008) considera que la inmigración no es una preocupación fundamental del gobierno estadounidense, aunque una de las motivaciones del préstamo de 20,000 millones de dólares que autoriza Clinton es porque consideraban que una crisis mayor en México podía propiciar un aumento de hasta 30% en la inmigración indocumentada. Si la crisis mexicana del peso bajo Zedillo se convirtió en un factor importante en la política estadounidense, esto también facilitó que bajo el mandato de Bill Clinton se construyera el marco legal anti-inmigratorio que hoy domina a Estados Unidos. Clinton podía haber evitado esa nueva orientación, al tener un congreso controlado por los republicanos que presionaba contra los inmigrantes, pudo vetar las nuevas leyes y mostrar la intransigencia de los republicanos, pero no lo hizo, posiblemente él y los demócratas coincidían en las intenciones anti-inmigrante. El seguramente habrá pensado en el costo electoral de oponerse a los republicanos y en el bajo costo de aplazar las demandas de los latinos[32]. En 1996 se dio la llamada revolución de Newt Gingrich cuando los republicanos se apoderaron de ambas cámaras y prometieron una gran reforma legislativa, como parte de esta nueva agenda se endureció el marco legal contra los inmigrantes. Es muy posible que Clinton (1996) aceptara la nueva ley (*Illegal immigration Reform and Immi-*

grant responsibility Act, IRA) para asegurar su reelección, especialmente porque los republicanos habían polarizado las cosas hasta el grado de provocar el inmovilismo. Los republicanos han jalado el sistema hasta el extremo logrando congelar al congreso, a los demócratas, y hasta a los activistas comunitarios, muchos de estos se han contentado con que las cosas no vayan más lejos, y muchos sostienen que pudo haber sido peor, pero también los hay que se satisfacen con las pequeñas conquistas por pequeñas que sean con el criterio de que más vale poco que nada.

Clinton se reeligió, perdió el congreso y no obstante –o tal vez por la concesión política, la radicalización de la postura anti-inmigrante continúa siendo cada vez más atrevida.

Las fuerzas antiinmigrante han entendido que su estrategia funcionó y han dado un segundo paso concentrándose en impactar las ciudades y estados. La parálisis de la reforma inmigratoria progresista en el nivel federal ha facilitado la promoción de una contra reforma centrada en reacciones locales, con lo cual ha fructificado la estrategia republicana para implantar una política de persecución sin forzar más el terreno legislativo. Encontramos así que en los 50 estados de la unión en el período que va del 2005 al 2011 se introdujeron 8,250 propuestas de ley relacionadas a la cuestión migratoria (Ver tabla XVII), la gran mayoría se orientan a la aplicación de la ley y la restricción en la prestación de beneficios, la minoría se refiere a la integración de servicios.

Tabla XVII
Propuestas de ley sobre migración en cincuenta estados

Año	Introducidas	Aprobada por legislaturas locales	Vetadas	Implantadas	Resoluciones	Total. Leyes y resoluciones
2005	300	45	6	39	0	39
2006	576	90	6	84	12	96
2007	1562	252	12	240	50	290
2008	1305	209	3	206	64	270
2009	1500	373	20	222	131	353
2010	1400	356	10	208	138	346
2011	1607	318	15	197	109	306
	8250	1643	72	1196	504	1700

Fuente: www.ncsl.org/issues-research/immig/state-laws-related-to-immigration-and-immigrants.aspx

Entre los casos que atraen la atención se encuentra el estado de Oregón, una entidad progresista que aprobó una ley (Oregon HB 2208) que establece la inelegibilidad de los veteranos militares que son **Aliens** (esta definición incluye residentes e indocumentados) para que reciban beneficios. Un Alien puede ser candidato para el servicio militar y la ciudadanía pero no para recibir beneficios sociales en el estado. El gobernador Scwartzeneger vetó la ley (California AB 502) que requería el establecimiento de un programa piloto para contratar con organizaciones sin afán de lucro para atender a inmigrantes indocumentados que son víctimas de violencia; hizo lo mismo con la ley California AB 1669 que autorizaba crear centros de trauma para ayudar a víctimas que son inmigrantes.

El estado de Nueva York (New York SB 2100 – Act 50) destinara recursos para cubrir los gastos de encarcelamiento de inmigrantes indocumentados al departamento de servicios carcelarios. En el pasado esos debían ser fondos federales y al haber estos recursos se convierte en un incentivo para la detención.

Tennessee (HB 600 –Act 242) prohibió la transportación de inmigrantes indocumentados al estado, impone una multa para cada violación y requiere que el dinero recibido se aplique a los costos asociados con la deportación. La pregunta es ¿qué implica la asociación con transportación de indocumentados?, ¿es el costo del encarcelamiento, comida, y el costo mismo de la deportación? Y por supuesto tiene que ver con el tiempo de procesamiento del indocumentado que en promedio es de tres semanas a un mes antes de ser deportado. No hay duda que la ley busca golpear el bolsillo del familiar del indocumentado y anular la solidaridad ante el riesgo de un costo excesivo. El transporte de indocumentados es un delito federal y estatal y ambos pueden castigar por su parte, así el inmigrante puede resultar con dos condenas por el mismo "crimen".

En Arizona (HB 2787 –Act 261) se enmendó la ley para negar la libertad bajo fianza de un criminal si se piensa que es probable que sea un inmigrante indocumentado. La consecuencia es que si tienen a un chicano sin acta de nacimiento lo tendrán detenido y los detenidos necesitaran tener un abogado para definir quien es un inmigrante indocumentado, la pregunta no es simple, porque hay procedimientos legales que ajustan el status legal de la gente. Esto pone en riesgo a personas que están en proceso de arreglar su condición migratoria y no son necesariamente indocumentados. Este estado que se ha caracterizado por el agravamiento de su posición contra los mexicanos aprobó la resolución (HCM 2012) donde solicita que se cambien las reglas de la guardia nacional para que los soldados puedan defenderse de, atacar, perseguir y aprehender a inmigrantes indocumentados. Y a la vez establecen la resolución HCR 2007 para que en el programa de exención de visas se permita la entrada de ciudadanos polacos. Finalmente, como ya mencionamos, lograron aprobar la SB 1070 que autoriza a la policía municipal a cumplir con funciones de policía migratoria.

Y para no dejar nada suelto, en Maine (LD 98) había que proteger a sus osos, venados y alces contra los cazadores no ciudadanos que por supuesto incluye a los residentes permanentes. Es indudable que es cuestión de seguridad el que ande por ahí algún mexicano armado en Maine y de repente se le aloque la neurona y decida atacar los intereses más importantes del Estado.

Entre las iniciativas restrictivas se encuentran ciudades que prohíben que se renten propiedades a indocumentados, a que se los emplee y un tema que ha sido candente, que se les cancele el derecho a tener licencias de manejo, que en Estados Unidos funcionan como documentos de identidad; en Nueva York forzaron al gobernador a dar marcha atrás siendo que ya había tomado la decisión de generarlas. En Michigan el procurador general revirtió tal decisión.

Las decisiones sobre inmigración han tenido impactos económicos severos. Hay ciudades que han aprobado leyes que se concentran en decisiones negativas sobre los indocumentados y que han resentido negativamente tal decisión. Riverside en New Jersey se vio obligado a rescindir la ordenanza de castigar a los empleadores de indocumentados por el impacto económico que tal medida tuvo en la sociedad, especialmente la quiebra de muchos negocios porque la gente se mudo de la ciudad y hasta del Estado. Es claro entonces que pierde el pueblo estadounidense al que se le cierran oportunidades económicas.

Arizona es un estado que se ha caracterizado por una política muy agresiva en contra de los indocumentados, concentrándose en las sanciones contra los empleadores. La gobernadora que ha mantenido un férreo discurso anti-mexicano, ahora se da cuenta que su postura ha funcionado como boomerang y sus esfuerzos y discurso anti-inmigrante tienen un severo impacto económico. Aunque firmó una ley en julio de 2007 donde se establecían fuertes sanciones a los empleadores, según dicen con miedo a que una ley mas fuerte hubiera sido aprobada con un referén-dum, dijo no obstante que la ley es "la pena de muerte para los negocios". Algunas empresas en Arizona están despidiendo empleados, están abandonando sus planes de expansión, están mudando sus operaciones a los estados vecinos y algunas están pensando mudarse a México, de esta manera se ha llegado a la paradoja que la ley y política de inmigración envía empleos a México (Muzaffar y 2008), quién paga los platos rotos son los estadouni-denses empobrecidos que después de una larga etapa de aplicación del neoliberalismo todavía no ven la luz al final del túnel, aunque se lancen en contra de los empobrecidos en otros países por las mismas corporaciones que les quitan el empleo, su queja de poco ayuda, se han vuelto rehenes del discurso articulado por los opresores que abusan de ambos lados. Estamos en una competencia entre pobres. Los países y ciudades pobres compiten por atraer empleos mal pagados, para lo cual destinan enormes recursos que les niegan a sus ciudadanos y éstos se ven forzados a emigrar. Sería conveniente explorar la noción de que este tipo de política esta preci-pitando la recesión en Estados Unidos.

Dada la lentitud de implantación del gobierno federal de algunas de las medidas más draconianas, los republicanos se han concentrado en ha-cer aprobar leyes para implementar la ley federal, esto está sucediendo en estados como Colorado, Georgia, y Oklahoma, cuyas nuevas leyes le prohí-ben a las empresas que le provean servicios al estado si emplean gente o contratistas sabiendo que tienen empleados indocumentados. Las empre-sas están obligadas a registrarse en el sistema **E-Verify**, que es una base de datos federal para confirmar si el empleado es residente legal. Minnesota le está exigiendo a sus empresas que verifiquen el status migratorio de la gente. Forzar a los negociantes a cumplir la ley federal por medio de una ley estatal donde los castigarían se sustenta en la **Supremacy clause** que establece que el gobierno federal ejerce autoridad suprema sobre temas federales y los estados no pueden contradecir, pero pueden implantar localmente las leyes federales. Esto es importante porque durante mucho tiempo los actores pro-inmigrantes sostuvieron no tener la obligación o responsabilidad de aplicar la ley federal, con esto se le cierra la puerta a esa postura política.

Hay ciudades que están restringiendo los derechos de salud y están llegando al extremo de negar los servicios de emergencia. Algo similar están haciendo con los servicios educativos. Sin embargo también hay señales en la dirección que la gente está descontenta con la persecución desatada, el 12 de febrero de 2008 en Wyoming fue derrotada una propuesta estatal elaborada por un republicano que pedía convertir en delito grave el albergar o transportar a inmigrantes indocumentados. Pero no hay que pensar que se ha iniciado un ciclo de reversa, esta es una victoria, insuficiente por cierto respecto al gran camino que ha avanzado la intolerancia y que seguramente no se desandará en el mediano o largo plazo.

Al gobierno federal le queda la opción de frenar por medio de decisiones ejecutivas la gran persecución, por ejemplo se pueden frenar las redadas o acelerarse los programas de regularización y cambio de status migratorio, estas son medidas tranquilas y relativamente silenciosas, que se solicitan cada vez más, pero sin mucha respuesta. Desde la llegada de Barak Obama se han registrado algunos detalles aunque parecen menores, por ejemplo la forma en que se maneja a los solicitantes de asilo y su detención, el periodista mexicano fue liberado del centro de detención en El

Paso después de siete meses de prisión y lleva casi un año esperando su audiencia de asilo para la cual el gobierno va contra todo para negárselo.

¿Cual reforma?

Barak Obama ha declarado que trabajara para lograr una reforma migratoria y ha insistido en que el congreso debe atenderla al igual que hizo Bush. Esta necesariamente lleva en primer lugar a regularizar a los migrantes en Estados Unidos y a frenar el flujo masivo para lo cual se requiere el compromiso mexicano que implica vigilar fronteras, también conduce a la naturalización aunque esta no ocupa un lugar importante en las prioridades políticas de Estados Unidos. La agencia de inmigración USCIS no recibe fondos del congreso; mientras se gastan miles de millones para deportación no se destina un centavo para regularizar a los solicitantes, de esta manera la agencia se financia con cuotas del público, las que han ido incrementándose argumentando que requieren más empleados para atender las solicitudes. Ellos parten del principio que el trámite para los que no son ciudadanos debe ser cubierto por los solicitantes, para pagar para conquistar el privilegio de ser estadounidenses. Según USCIS tienen un rezago de un millón de solicitudes para naturalización que se agravó por un incremento de solicitudes y por esta razón eliminar el rezago tomará tres años. Mientras alcanzan esos niveles de ineficiencia han incrementado las cuotas para el trámite, lo que deja claro que el dinero no se utilizará para contratar más personal sino para otros propósitos, con lo cual no solamente se engaña a la gente, sino que se incurre en conductas fraudulentas.

Las cuotas para trámites de ciudadanía solamente en el 2007 aumentaron 80%, para residencia permanente lo hicieron en 178%. El costo de trámites para naturalización para una familia de cuatro alcanza $2,430 dólares ya que el costo en parte busca desanimar los trámites inmigratorios. No obstante este incremento, revisando las cifras históricas uno encuentra que cuando aumentan las cuotas también lo hace el rezago. Una de las explicaciones recientes es que todos los trámites de los solicitantes mayores de 14 años deben pasar por una revisión de seguridad en el FBI, la otra puede ser pura y llanamente ineficiencia, o que el dinero se desvía de su propósito.

El rezago en el trámite de visas para ciudadanos y residentes llamadas **Preference visas** (tabla XVII) está pensado para propiciar la unidad familiar, sin embargo el tiempo de espera es de más de una década en todas las categorías. Desde 1965 se otorgan 20,000 visas anuales por país, la ley establece el porcentaje asignado a cada categoría y ese rezago tiende a crecer. O sea que una persona que quiere entrar documentada y no tiene castigo tiene que esperar más de diez años para recibir una visa. La excepción es el caso de parientes inmediatos de ciudadanos (padres, cónyuges, hijos, padres de ciudadanos mayores de 21 años) para los que no hay limitación numérica, uno puede inmigrar a todos sus hijos, aunque hay que hacer una distinción basada en la definición de infante. Un hijo es infante siempre y cuando sea soltero y menor de 21 años, y puede inmigrar de inmediato, o sea, que solo tendría que esperar un año. Aunque no tiene que esperar un número de turno, el proceso burocrático dura un año y lo mismo sucede en el caso de los padres. Si el hijo cambia de infante a adulto cambia de categoría en el sistema de preferencia lo que implica que recibirá una visa pero tendrá que esperar arriba de diez años.

Como se puede ver en la tabla XVIII en el caso mexicano la espera tiende a ser mucho más larga que en el caso de China o India y hasta de Filipinas.

El movimiento anti-inmigrante busca eliminar del sistema de preferencias la primera, tercera y cuarta categorías[33] dado a que da lugar a lo que ellos llaman **chain migration** o cadena inmigratoria, donde se enlazan diversos miembros de la familia ya que una generación puede inmigrar a otra y así se amplía la familia extendida; ellos sostienen que solamente deben inmigrar los cónyuges y los hijos menores de 21 años.

Tabla XVIII

Preferencias de auspicio familiar y fecha de procesamiento*. Mayo de 2008

Familia	Todas las áreas	China	India	México	Filipinas
1	8 marzo 2002	8 marzo 2002	8 marzo 2002	8 julio 1992	15 marzo 1993
2ª	8 junio 2003	8 junio 2003	8 junio 2003	1 mayo 2002	8 junio 2003
2B	1 junio 1999	1 junio 1999	1 junio 1999	1 abril 1992	15 febrero 1997
3	8 junio 2000	8 junio 2000	8 junio 2000	22 julio 1992	1 abril 1991
4	8 agosto 1997	15 enero 1997	1 enero 1997	15 dic 1994	8 marzo 1986

* El período de espera es el que pasa entre la fecha de solicitud y la fecha actual

Lo que la derecha argumenta es que no obstante oponerse por principio, en el caso de haber una amnistía, los indocumentados deberán formarse hasta atrás en las listas preferenciales para optar por la residencia permanente y entonces por la ciudadanía, con lo cual, tendrán que permanecer como residentes temporales por lo menos unos 16 años mas antes de ajustar su status migratorio para la ciudadanía. Para muchos algún status es mejor que ningún status, pero esta situación pone la vida de estas personas en las manos del gobierno y de grupos que rápidamente están cambiando las condiciones de inmigración, con lo que nadie garantiza un refugio seguro en Estados Unidos.

Como ya mencionamos, la mayoría de los trámites migratorios aumentó de precio aduciendo que los recursos adicionales se usarían para reforzar el manejo de los trámites, sin embargo solamente han asignado tres agentes para atender 5,000 solicitudes diarias. Es verdaderamente perverso decirles a los ciudadanos de otro país que quieren entrar a Estados Unidos que ellos paguen por los trámites y no el gobierno y luego simplemente decir que tienen un rezago que podría compararse tal vez a la legendaria e ineficiente burocracia soviética. Podemos suponer que esta carga abrumadora de trabajo frustra a los agentes inmigratorios, y entonces considerar a esta como una de las explicaciones para el rechazo de solicitudes, pero varios agentes han aceptado que esa postura responde a órdenes de Washington, con lo que el rechazo y lentitud es una política de freno a la legalización de los migrantes. Lo mismo sucede con las largas líneas para el cruce fronterizo, uno supondría que el número de vehículos es tan elevado que saturan la capacidad de trámite en la línea, pero en una ocasión un agente apenado nos dijo: "Es que nos dan órdenes de frenar la línea". No hay nada que sea más necesario en la relación bilateral que un flujo ágil de vehículos y personas, sin embargo, la ventana de oportunidad es muy limitada.

El ritmo y dinámica de la política interfiere con la reforma. Lo que no sucede el primer año del congreso usualmente se frena el segundo porque es cuando los congresistas están preparando su reelección y para el tercer año de la administración, el presidente está preparando su reelección. De esa manera la politización electoral frena grandes acciones.

Durante el 2009-10 Obama se enfocó a temas de la agenda doméstica como son la crisis económica y la reforma de salud, los temas de seguros médi-cos y por supuesto la guerra en Iraq y Afganistán, luego entonces evitó meterse en un tema tan contencioso y prejuiciado como la inmigración indocumentada para evitar riesgos aunque hacía referencias tímidas al respecto, y sin embargo perdió las elecciones intermedias y la votación del **Dream act,** es así que como dijimos más atrás, el escenario de la recupera-ción migratoria aunque es deseable, es poco factible. En el 2011, una semana después de anunciar su intención reeleccionista, anunció que se requería una reforma migratoria, con lo cual se demuestra estrictamente un uso discursivo del tema pero tal vez no una seria intención de acción y apuesta de capital político.

Amnistía

En el centro del debate se encuentra como referente la amnistía de 1986. Con argumentación simplista, el servicio de inmigración sostiene que los números de inmigrantes indocumentados demuestran que ésta fracasó porque no frenó el alto cruce de indocumentados, y justifica una actitud de aumento del castigo para los que están adentro y sean atrapados y como escarmiento para los que se atrevan a cruzar en el futuro. Después de la amnistía se frenó el flujo de inmigrantes pero luego repuntó por causas ajenas a la misma.

Es de destacar que ni Estados Unidos ni México precisan lo que quieren de la reforma migratoria, Estados Unidos quiere un compromiso de México para vigilar sus fronteras norte y sur y crear una policía fronteriza que frene los flujos migratorios, México requiere del flujo de migrantes para aligerar las presiones de los desempleados y continuar recibiendo remesas. El diálogo no se ubica en buscar una elevación en la calidad de vida de los ciudadanos en ambos lados de la frontera, como tampoco se busca en crear un bloque norteamericano que fortalezca a la región, sigue una relación de subordinación que inhibe mejores políticas conjuntas.

XIII. La dimensión política en México.

El silencio del gobierno mexicano.

Mientras en California la comunidad hispana y especialmente la mexicana se enfrascaba en una batalla desigual para frenar la propuesta 187, el gobierno mexicano guardaba un silencio ominoso que luego se vería es su regla de conducta política respecto a los inmigrantes en Estados Unidos.

La propuesta lanzada en 1994 era parte de una iniciativa mayor llamada *Save Our State* (salvemos a nuestro Estado) y estaba diseñada para negarle a los inmigrantes indocumentados servicios sociales, salud y educación. Pero posiblemente uno de los aspectos centrales de la misma era su pretensión de convertir a los agentes policíacos en agentes inmigratorios, cuestión que era vista con fuertes resistencias por las autoridades locales a lo largo y ancho del país (este principio se recuperaría más ade-lante en Arizona). Cualquier agente municipal que sospechara que una persona arrestada había violado la ley inmigratoria debía investigar su condición inmigratoria y de haber ilegalidad debían reportarlo a las autoridades estatales y federales. Además, nadie podía recibir beneficios o prestaciones sociales si no había comprobado su residencia legal en el país; si solicitaba el servicio y se le demostraba la presencia "ilegal" se le debía reportar de inmediato, solamente se eximían los casos de emergencia médica. Según la propuesta, el personal educativo, médico y la burocracia se convertían en un brazo ejecutor del servicio de inmigración, lo que sin duda hacía avanzar al país hacia el diseño de un sistema policiaco que agredía de una manera directa al federalismo, la soberanía de estados y municipios y la libertad. La ley inmigratoria atentaba contra la constitución y aunque los jueces la rechazaran se iba construyendo un estado de ánimo donde se acorralaba a las autoridades locales presentándolas como protectoras y auspiciadoras de la ilegalidad.

La propuesta ponía a prueba la resistencia y la capacidad de movilización política de los hispanos y triunfó. Varias organizaciones anti-inmigrante lograron convencer a la mayoría para que apoyara la propuesta, esta fue aprobada con el 58.8% del voto en donde había una buena cantidad de votos de hispanos. La medida sirvió como precedente y funcionó como apoyo para la presentación de leyes similares en Illinois (http://en.wikipedia.org/wiki/Illinois"), Florida http://en.wikipedia.org/wiki/Florida), New York http://en.wikipedia.org/wiki/New_York) y Texas (http://en.wikipedia.org/wiki/Texas).

Varias lecciones pasaron de largo en la percepción política sobre este evento político y no sabemos cuál es la más grave:

El gobierno de México mostró una actitud "cobarde" ante el proceso político. Aduciendo la no intervención en los asuntos de otro país le negaron el apoyo a las comunidades mexicanas que en California son muy importantes, no en balde el cónsul de México en Los Ángeles José Ángel Pescador solía decir que el gobernaba a la segunda ciudad mexicana más importante. Se abstuvieron de intervenir aunque pudieron expresar su descontento por el tono anti-mexicano del debate. En el colmo de la actitud vergonzosa, el presidente de México se apresura a recibir al gobernador Arnold Schwartzeneger aunque este maneja un discurso abiertamente anti-mexicano y veta leyes que pudieran beneficiar de alguna manera a los mexicanos. Quisiéramos imaginarnos a la presidencia de la república anunciando que el gobernador no recibiría una audiencia presidencial debido a su postura política, o rehusándose a recibir a la gobernadora de Arizona después que está firma la ignominiosa ley SB 1070, pero eso parece ser una quimera de nuestra parte.

Hubo mexicanos que apoyaron la propuesta, se movilizaron a su favor y votaron a favor de ella, esto demostraba que la condición de los inmigrantes estaba cambiando y que no se podía suponer que el hispano con derecho al voto lo haría necesariamente a favor de las causas de los indocumentados y mucho menos a favor de México. La comunidad se inclinaba hacia la derecha y eso la llevaba a los brazos de los republicanos, donde se agazapan los intereses más retardatarios de Estados Unidos.

Salieron descontentos de México y no hay razón para que se contenten con un sistema corrupto e injusto que los expulsó, pero eso no justifica un discurso anti-inmigrante que implica rechazar a los que son igual a ellos.

Las fuerzas de ultra derecha empezaron a tensar al sistema iniciando una estrategia para bajar al nivel estatal y municipal la aplicación de restricciones inmigratorias. Los activistas que habían frenado la aplicación de la ley por medio de decisiones judiciales, pensaron que habían encontrado el antídoto para la acción de los anti-inmigrantes, perdiendo de vista que cada victoria en el terreno electoral abonaba al sentimiento anti-inmigrante, y se convertía en un avance en el convencimiento social de que había que proteger al país en contra de los indocumentados. También se perdió de vista que los republicanos avanzaban en la estrategia de posicionar en las cortes a jueces conservadores cuya posición es contraria a los inmigrantes y que no faltaría mucho tiempo para que los recursos legales fracasaran, tal y como sucedió.

Mientras esta escalada en contra de la comunidad subía de tono, el gobierno de México trataba de organizar a la comunidad mexicana para cumplir con una agenda gubernamental mexicana donde no cabía la promoción de los intereses de las comunidades mexicanas en el exterior (aunque así se llamara la iniciativa) y mucho menos los intereses de los indocumentados. El gobierno pasó a ver a las comunidades en el exterior como una fuente productora de recursos y empezó a diseñar estrategias para captar dinero de los mexicanos en Estados Unidos, como por ejemplo, tratar de afiliarlos al Instituto Mexicano del Seguro Social (IMSS) y que pagaran cuotas desde Estados Unidos para proteger a sus familias en México.

Las comunidades en Estados Unidos carecen de apoyo político y financiero y se ven a dos fuegos entre la intolerancia de los racistas de ultra derecha y el ánimo vampiril del gobierno mexicano que los veía como clientes para chuparles la sangre lo más posible, son de mencionar diversos programas para incentivar el envío de dinero, como el tres por uno que consisten en que por cada dólar de los inmigrantes para proyectos, los tres niveles de gobierno en México ponen un dólar cada uno.

Pasarían solamente seis años para que en Arizona se aprobara la propuesta 200 que tenía el mismo lenguaje que en California. Mientras que los californianos querían salvar a su estado de los inmigrantes, los arizonianos lo querían proteger, así su iniciativa se llama *Protect Arizona Now* (PAN) (Protege a Arizona Ahora). La propuesta excluyó a los indocumentados de las prestaciones sociales, les impuso a los burócratas estatales la obligación de reportar a los sospechosos de tratar de conseguir prestaciones de manera ilegal. No solamente se refinó la iniciativa de ley, sino que además ya había llegado el momento en que un juez federal en Tucson, Arizona eliminara una restricción de aplicación temporal a la propuesta y por medio de esto facilitar que se convirtiera en ley.

El siglo XXI ha encontrado una ampliación muy preocupante de reglas, ordenanzas y leyes en contra de los indocumentados, sin que el gobierno de México hiciera nada para frenar la agresión. Los seis años de Vicente Fox, incluyendo el dicho poco inteligente e insensato del canciller

Castañeda de que él quería la "enchilada inmigratoria completa", implicaron para Estados Unidos una actitud condescendiente y complaciente respecto a la agresión constante y sistemática en contra de los inmigrantes y sus comunidades, y nunca fue usada una postura política para tratar de corregir un rumbo que hoy es más bien catastrófico. Aun cuando se hizo público que la policía migratoria estaba disparándole a los mexicanos con balas de goma, el gobierno mexicano lo aprobó (Kennis 2004). Si no reaccionaban ante la agresión abierta y hasta la aprobaban, no se podía esperar que alguna ciudad dudara en ampliar la agresión, viendo que no había consecuencias políticas[34]. Tal vez entendieron que el racismo en Estados Unidos encontró en la elite mexicana una contraparte que simpatizaba y compartía prejuicios.

La emigración hacia Estados Unidos ha representado una solución a las necesidades y desequilibrios mexicanos, pero ni por eso, o ya no digamos por la defensa a los derechos humanos, mereció la acción política del gobierno de México.

En el terreno de la burocracia diplomática se sostenía que se habían instalado en los consulados áreas de protección a inmigrantes, pero esto fuera de tener un uso político doméstico en México tenía un impacto prácticamente nulo en Estados Unidos. Las áreas de protección en los consulados no servían para frenar o desanimar las agresiones oficiales, la que venía de la policía migratoria y que como vimos, ha escalado la cantidad de muertes en los cruces fronterizos. En el Consulado General de México en El Paso se preocuparon más por detectar la filtración del programa de deportación que ellos pagaban, que por proteger a la sociedad mexicana de la enorme cantidad de abusos de que era víctima.

De esa manera, la lectura desde Estados Unidos es que se contaba con el silencio cómplice del gobierno mexicano para aplicar medidas restrictivas a la inmigración y por supuesto a la libertad de los mexicanos en Estados Unidos. En la frontera se ha aplicado como experimento un esquema reductor de la libertad, se ha anunciado la entrada en vigor de la revisión de computadoras personales o cualquier instrumento de almacenaje de datos, se le ha impuesto un precio muy elevado a aquellos que cruzan por hambre o por la carencia de oportunidades en su país. Esto tendrá un costo mayúsculo en Estados Unidos porque no tardará en generalizarse esta postura política en contra de todos los ciudadanos, como se ve en el **Patriot Act** que entre otras cosas permite el espionaje sin orden judicial. El estado policíaco se está imponiendo mostrando que ninguna libertad democrática o constitucional está garantizada.

Cualquiera podría pensar que el gobierno se avergonzaría de la situación difícil de los mexicanos en Estados Unidos, pero en lugar de protestas, o denuncias en foros internacionales, o la promoción y difusión de trabajos como el de Amnistía Internacional sobre la violación de derechos humanos en la frontera, el gobierno guarda silencio y acepta el maltrato.

Es posible que haya algunas notas diplomáticas mexicanas de protesta por el asesinato de inmigrantes, pero si existen serían más bien la excepción y no la regla, y el gobierno se cuida muy bien que no sean ruidosas para no incomodar. En contraste, tenemos la fuerte y decidida acción de los presidentes centroamericanos, para frenar las deportaciones, estos posiblemente tienen otro concepto de dignidad y protección de su sociedad, o la que asumió entre otros Evo Morales frente a la ampliación a Europa de la política de encarcelamiento y deportación masiva.

XIV. Conclusión

En Estados impera la cultura del castigo y la solución de conflictos por medio de la violencia. La ética protestante alienta una respuesta rigurosa del Estado a lo que considera criminal y en el caso de la inmigración esta ha sido criminalizada. Estados Unidos no quiere verse como parte del problema de la pobreza que expulsa emigrantes generando el mayor flujo de población en época de paz, y se espera que en el mundo se muevan entre 50 y 100 millones de refugiados climáticos en los próximos años. Sin embargo no se encuentra la responsabilidad de los países receptores o destino para atender este problema socio-económico, Estados Unidos se niega a ratificar los acuerdos de Kyoto y el G8 ha aceptado trabajar para reducir sus emisiones de gases contaminantes para el año 2050, para cuando el medio ambiente en amplias regiones de África y América Latina estarán destrozadas y muchos de estos emigrantes muertos. Solamente en tiempos muy recientes el tema pasó a ser parte de la agenda bi-nacional con México y siempre pensando en los intereses estadounidenses propios nunca en los de México o los mexicanos.

Mucha gente se aventura a entrar a Estados Unidos sabiendo que pueden caer a la cárcel porque ya llevan mucho que perder teniendo familias separadas y una vida de muy pocas oportunidades en sus lugares de origen, en el caso de México el factor cercanía es un acicate importante que facilita el cruce. La asimetría y la criminalización del trabajo son un acicate para la perdida de la libertad. La población indocumentada que está encarcelada ha aumentado de una manera escandalosa, la autoridad inmigratoria de Estados Unidos ha desarrollado el mayor sistema carcelario del mundo poniéndose por fuera de la supervisión social o gubernamental lo que le ha facilitado mantener un sistema corrupto, brutal, represivo y arbitrario con el pretexto de que no hay quejas en su contra, aunque las quejas se desalientan y desaniman al aplicarse un sistema de represalias en contra de los que hablan, ya que los agredidos y ofendidos son inmigrantes y cuya vulnerabilidad aumenta al carecer de documentos. Para hacer el cuadro más grave, ICE está poniendo en práctica un sistema de cancelación de las libertades que ya se está ampliando al resto de la sociedad, todo con el pretexto de la defensa nacional contra los peligros modernos: terrorismo y narcotráfico y ahí disfrazados los inmigrantes.

El cambio demográfico y el empeoramiento de las condiciones en México han provocado que cada día sean más los mexicanos que cruzan con la idea de no volver y buscan asentarse con sus familias. Esto ha alimentado los miedos entre la cultura WASP que no está dispuesta a permitir que se "morenice" su país y una política que asume a todos los inmigrantes como criminales agrediendo a las comunidades, partiendo familias y causando enormes pérdidas económicas. La política de depredación de ICE provoca que con frecuencia haya deportados cuyo español es deficiente o nulo, que no conocen sus lugares "de origen" y cuyas relaciones sociales y económicas en esos lugares son prácticamente inexistentes, para ellos la deportación es una condena al hundimiento socio-económico, para los jóvenes es una condena al retraso educativo y un fuerte retroceso respecto a sus logros en Estados Unidos. Esto lo conoce muy bien el gobierno de Estados Unidos, al igual que los jueces de inmigración, la pregunta es ¿por qué continúan con una política que ellos saben es dañina?

Parte de la respuesta que dan los funcionarios inmigratorios es que con esta actitud ellos demuestran que están defendiendo la ley; están enviando un mensaje sin ambages de que Estados Unidos es un país de leyes y que nadie que llegue puede atreverse a violar la ley, aunque como vimos aquí, la inmigración se ha ido criminalizando y los castigos han ido aumentando sin frenar el flujo de inmigrantes. Pero también subyace una concepción de que el atrevimiento del "criminal" lo hace sujeto de los castigos más absurdos, aún contraviniendo una disposición constitucional que prohíbe tal cosa. El trabajador se vuelve criminal y es tratado peor que los delincuentes que atentan contra la sociedad. Se ha creado un terreno gris entre lo que es criminal poniendo en la misma canasta a un estudiante que se excedió en su visa con un contrabandista o un asesino.

Mantener a la gente en la cárcel, aparte del daño personal y familiar que dejan de ser considerados como factor, implica sacar a la gente del mercado y tener que mantenerla; pero también tiene su lado de oportunidad económica, ya que el sistema carcelario es un magnífico negocio y alguien está haciendo una fortuna con estas políticas, aunque para ello compra la voluntad del gobierno y los políticos.

El otro factor que ellos manejan es que el castigo extremo es un factor de disuasión y su gravedad convencerá a la gente que no intenten cruzar sin permiso. Este es un debate difícil y estéril en un país que sigue ejerciendo la pena de muerte, aunque un estudio tras otro ha demostrado que esta no evita el crimen, no lo previene y con mucha frecuencia ejecutan a gente inocente. Algo similar ocurre con los muros o medidas de guerra de baja intensidad que no frenan el cruce de indocumentados. En la política inmigratoria se castiga a personas de bien cuyo "crimen" es buscar mejores condiciones de trabajo y elevar su nivel de vida, y los funcionarios estadounidenses no se tientan el corazón para destruir sus vidas, y si se trata de historias de éxito con mucho mas razón. Ya abundan hoy los ejemplos de personas cuya industriosidad los llevó al éxito, abrieron negocios, y al ser deportados los negocios se pierden y sus cuentas bancarias son congeladas, además de encarcelar a gente relacionados con ellos, esta actitud remite a lo que vimos en la inquisición o en el régimen nazi que antes que nada buscaban "expropiar" los bienes de los persegui-dos. La agresión se ha extendido a los inmigrantes documentados y se han recatalogado las ofensas de tal manera que sean castigadas más de una vez.

Este tipo de castigo en el tema migratorio es especialmente severo. Han puesto en el terreno de los delincuentes a gente trabajadora, audaz, responsable, porque con eso se evita atacar de frente las causas que los expulsaron de sus países y que se pueden resumir en dos palabras: explotación y miseria y ahora degradación del medio ambiente.

Hay gobiernos centroamericanos que han salido a la palestra a pelear por sus ciudadanos, aunque su peso político y económico está lejos del mexicano, han logrado frenar las deportaciones. La deportación y el fin de las remesas les provoca inestabilidad y esto parece ser suficiente para avivar los miedos estadounidenses que temen una nueva explosión izquierdista en América Latina, sin embargo con México, como lo demuestra Abelardo Rodríguez, han logrado someter al gobierno y con ello grandes concesiones, más un silencio cómplice que ve con complacencia el pisoteo de sus ciudadanos. Así encontramos que algunos gobernantes se preocupan seriamente por sus países mientras que otros están dispuestos a entregar todos los intereses nacionales a cambio de nada, ya sea por la promoción de sus intereses personales o porque han permitido ser maniatados hasta la perdida de la soberanía y de la dignidad nacional.

Una propuesta de acción

La actual política inmigratoria de Estados Unidos ha afectado de una manera muy preocupante los derechos humanos al grado que ha atraído la condena de algunos organismos internacionales como Amnistía Internacional. Ha agredido el sistema constitucional de libertades, está provocando un gran sufrimiento económico, social y político tanto entre los inmigrantes como entre los estadounidenses y no parece llevar a ningún lado.

Considerando que el problema de la pobreza no se resolverá en el corto plazo y que los acicates a la emigración persistirán queremos proponer varias acciones que podrían orientar el tema en otra dirección.

∝ Crear un fondo de inversión bi-nacional para invertir en la promoción del desarrollo económico en los estados expulsores. A Estados Unidos le interesa el desarrollo de la industria de alta tecnología y la relacionada con la seguridad nacional y esta se puede desarrollar en México con la intervención de ambos países. El desarrollo de esta industria conlleva trabajados calificados y de salarios elevados, lo que ayudaría a arraigar a la mano de obra. Tomando en cuenta el efecto dispersor de la capacidad económica, si el proyecto se empieza en cinco estados, se extenderá s sus vecinos y el hecho que estas inversiones tendrían un fuerte impacto en la economía mexicana, en un plazo de diez años el tema de la emigración indocumentada estaría prácticamente resuelto, además que podría atraer a mexicanos que viven en Estados Unidos sin necesidad de sufrir agresión policíaca, estos mexicanos llevarían nuevo conocimiento y algo de capital lo que potenciaría los alcances de esta propuesta. Los fondos para un proyecto de estos pueden tomarse de los recursos que se utilizan para promover una guerra de baja intensidad en la frontera y en la construcción y mantenimiento del muro fronterizo. Esta medida generaría un nuevo potencial de crecimiento para la economía de Estados Unidos fortaleciendo su posición mundial.

∝ Mover los controles fronterizos 30 millas para generar una zona fronteriza de integración que crearía un gran potencial económico que funcionaría como amortiguador para la fuerza de trabajo que llega a la frontera. Un sistema de este tipo atraería industria y plantas maquiladoras y generaría una gran capacidad económica. Todas las fronteras son porosas, pero contando con oportunidades de trabajo el tema de la emigración indocumentada caería drásticamente y requeriría de una fuerza limitada de intervención policíaca federal para detener el contrabando.

∝ Es fundamental una amnistía para permitir que las comunidades asentadas en Estados Unidos trabajen en paz. Hay que cesar las deportaciones masivas y facilitar los procesos de regularización y ajuste de status. Estados Unidos debe invertir en programas de naturalización, lo que puede lograr al reducir su inversión en armamento y manejo policíaco de la inmigración.

∝ Se debe dejar de lado la postura cínica que trata de culpar a la emigración a los países pobres expulsores de población y que excusa a los países ricos que se han beneficiado de la extracción de riqueza de esos países. El entendimiento que la emigración es producto de desajustes estructurales internacionales con responsabilidades múltiples y compartidas puede convertirse en un buen inicio para fomentar una nueva actitud de tolerancia y convivencia entre comunidades, donde lo primero que se desactivaría es la cultura del odio, lo que tendrá gran repercusión y beneficio en la armonía dentro de Estados Unidos. Para esto debe dejar de demonizarse a la inmigración irregular o indocumentada.

∝ Se debe articular una campaña de comunicación, dando especial énfasis a los medios electrónicos, para desactivar el impacto de la política de odio en contra de los inmigrantes, entre otras cosas, el gobierno de Estados Unidos debe reconocer las aportaciones económicas, sociales y culturales de las comunidades de inmigrantes.

∝ El gobierno de Estados Unidos debe decretar un cese de hostilidades y frenar las deportaciones masivas. Debe iniciar un programa de reducción y perdón de sentencias a los inmigrantes cuyo "delito" ha sido cruzar indocumentado y facilitar programas de reunificación familiar.

∝ Iniciar junto con Canadá modelos de ocupación para indocumentados de tal forma que se pueda distribuir continentalmente la ocupación de la gente y ampliar las formas de integración social de los desplazados por la injusticia económica.

∝ Reconocer que los indocumentados son refugiados económicos y establecer fondos de compensación continentales para ayudarlos a encontrar ocupación, y ofrecerles buenas condiciones de integración social, económica y cultural mientras terminan de funcionar los programas de activación económica que se pondrán en marcha en los estados expulsores de mano de obra.

∝ Se debe acoger a los refugiados climáticos y Estados Unidos debe ratificar los acuerdos internacionales de reducción de emisión de gases, así como comprometerse a la defensa activa del medio ambiente.

Una última palabra

Desde Estados Unidos se sostiene que México debe cubrir su espacio y responsabilizarse en frenar la emigración.

México debe luchar contra la pobreza, no solo por la dimensión ética de tener condenados a decenas de millones de personas sin posibilidad de progresar, sino porque hace inviable al mercado. La pobreza no solamente ancla las posibilidades del despegue económico nacional, sino que se convierte en un factor que parece condenar a la eternidad el régimen de privilegio y pésima distribución de la riqueza y el ingreso que estimula la emigración.

No obstante que la pobreza es un factor crucial para la seguridad nacional, su manejo y visión sobre el mismo se ha distorsionado optándose por el asistencialismo[35], por la continuación del clientelismo y la reproducción de los rasgos más perversos del autoritarismo. La pobreza solamente se derrotara con democracia.

La transición puede ser prolongada y muy tortuosa, por eso es fundamental que mientras se alcanza la democracia, cuando pensemos sobre la inmigración lo hagamos cambiando los paradigmas con que pensamos el tema. Los españoles sostienen que se puede frenar la emigración africana con ayuda económica y mientras tanto los inmigrantes deben adquirir beneficios como cualquier ciudadano, desafortunadamente este es un discurso que Estados Unidos no quiere ni escuchar.

Hasta ahora el aumento en la cantidad y calidad de la pobreza ha sido imparable y este es el factor primordial de expulsión. Esto pone en tela de juicio cualquier programa de "control" de la migración que se sustente en la premisa que se puede "sellar" fronteras y que inevitablemente roza la violación a los derechos humanos. La frontera no se lograra sellar con medidas policíaco-militares.

La continuación de la pobreza propicia la fragilidad de las economías y provoca que emigren los pobres, las clases medias y hasta las elites educadas[36] porque la inviabilidad económica extiende sus tentáculos sin distingos de clases sociales. La fuga de cerebros se generaliza expulsando a los mejor preparados en todas las capas sociales y se desperdicia la gran inversión en capital humano.

La emigración se cruza de manera muy peligrosa con el mundo delincuencial. Hoy las redes de tráfico de personas son tan rentables como las de drogas y ambos terrenos criminales no se resuelven con acciones unilaterales. El mundo debe asumir una política internacional de atención a las emigraciones y abordar el problema como la atención a los desplazados de la tierra, y a los expulsados por injusticia, tanto del país que los recibe los explota y descarta cuando no les son útiles como por el que los expulsó. Coincidimos con la propuesta que aboga por el "derecho de emigrar" cuando uno lo desee y por el "derecho de quedarse" en condiciones favorables.

El mundo debe trabajar para devolverles la dignidad a los trabajadores que se desplazan para conquistar aunque sea un poco del futuro del que se les ha despojado.

Apéndices

Apéndice A.

Historia de la ley de migración en Estados Unidos

Atisbo a los cambios más importantes en la legislación

Los primeros 100 años: 1776-1875
Puerta abierta; Inmigración sin impedimentos

Ley de Naturalización de 1790. Se establece el proceso para convertirse en ciudadano naturalizado.

Ley de los Alien de 1798. Es parte de las leyes sobre inmigrantes y de sedición.

1864. El Congreso aprueba una legislación animando la inmigración. Algunos estados buscaban restringir la inmigración pero la Suprema Corte declaró que esas leyes eran anti constitucionales

Primeras restricciones a la inmigración 1875-1917
1875. Status excluyendo a convictos y prostitutas.

1882. Se aprueba la primera ley federal general de inmigración. Incluía un impuesto por persona de 50¢, y la exclusión de idiotas, lunáticos, convictos y personas que podían convertirse en carga pública.

Ley de exclusión de los chinos de 1882.

1885 y 1888.Leyes laborales que excluían trabajo extranjero barato para no deprimir el mercado de trabajo.

1891 La ley proveía inspección médica para excluir inmigrantes en base a enfermedades contagiosas, ofensas criminales que involucra torpeza moral, así como pobreza o poligamia. Estableció un año de prescripción para quien entrara ilegalmente.

Primer sistema de cuotas: 1917-1951

Ley de barrera asiática de 1917. Estableció un requisito de alfabetismo para la admisión, y estableció una barrera regional asiática para que solamente entraran los japoneses.

La ley de cuotas de 1921. El Congreso estableció una cuota anual para cada nacionalidad equivalente a 3% de las personas de esa nacionalidad enumeradas en el censo de 1910. Estableció el sistema para otorgar visas en el exterior.

1952-1964
Ley McCarran-Walter. Esta ley estableció la estructura básica de la ley inmigratoria actual. Se retiene el sistema de cuotas por origen nacional pero se reduce el porcentaje a 1/6 de 1% del censo de 1920.
Estableció cuotas raciales para los asiáticos.
Estableció preferencias dentro de las cuotas para aliens con habilidades especiales (equivalen a la primera, segunda y tercera preferencia actual

basada en el empleo. Detalló las bases para la exclusión y la deportación.
Estableció procedimientos y bases para la desnaturalización.
Estableció procedimientos para la deportación.
Estableció liberación de la deportación.
Estableció exclusión con bases políticas.

1965-1985
Ley de 1965. Enmiendas a la ley de 1952 que incluyen:
Tope de 20,000 personas anuales para cada país del hemisferio este.
Cambios en el estatus prioritario para trabajadores/familias especializados.
Ley de 1976. Ecualiza los hemisferios a 290,000 visas en el mundo
Ley de Refugio de 1980
Establece una cuota general de 270,000.

1986-1995
Ley de Reforma inmigratoria y control de 1986 (Immigration Reform and Control Act [IRCA])
Establece sanciones contra empleadores que contratan inmigrantes no autorizados para trabajar en U.S.
Establece provisiones prohibiendo la discriminación basada en ciudadanía o nacionalidad.
Estableció varios programas de legalización otorgando amnistía y residencia a ciertos grupos de inmigrantes.
Estableció una política de deportación expedita para personas en prisión.
Estableció la Operación SAVE que requiere la verificación de un inmigrante para recibir beneficios federales.
Ley Anti abuso de Drogas de 1986
Redefinió las categorías de las drogas para incluir todas las sustancias controladas
Ley Omnibus Ant abuso de Drogas de 1988
Estableció provisiones para crímenes agravados.
Estableció audiencias de deportación expeditas y nuevas bases de deportación para los convictos de crímenes agravados (asesinato, tráfico de drogas y armas).
Ley Inmigratoria de 1990
Alteró sustancialmente el sistema de preferencias estableciendo categorías de inmigración basadas en el empleo (incluyendo inversionistas), imponiendo un tope a la inmigración y redefiniendo a los familiares inmediatos para incluir viudas(os), y estableciendo diversidad permanente. La inmigración basada en una selección hecha en una lotería de países subrepresentados.
Redefinió y amplió las leyes concernientes a los inmigrantes criminales incluyendo la expansión de la definición de criminales agravados, eliminación completa de la recomendación judicial en contra de la deportación, y la eliminación de consideraciones para criminales agravados que han estado encarcelados mas de cinco años.
Alteró sustancialmente las bases de exclusión y deportación incluyendo la eliminación de un cierto número de bases medicas e ideológicas.
Armed Forces Immigration Adjustment Act of 1991. Ley de 1991 de ajuste

a la inmigración de las fuerzas armadas.

1. Estableció un estatus inmigratorio especial para personas que sirvieron honorablemente en las fuerzas armadas.

Ley inmigratoria de 1992 para científicos soviéticos

Permitió la entrada a científicos e ingenieros de la ex Unión Soviética con altos niveles de expertez en los terrenos de alta tecnología nuclear, química y biológica o que trabajan en proyectos de defensa en esas áreas, sin contar con oferta de trabajo.

Provisiones de ajuste de status del departamento de Estado

Provee el ajuste de status a personas inelegibles tradicionalmente a cambio de un pago cinco veces mayor al pago usual.

Ley de 1994 de control del crimen violento y aplicación de la ley

Provee ciertas protecciones para hombres/mujeres y niños sujetos a ataque o crueldad extrema.

Estableció la visa S para las personas que provean información a las autoridades policíacas federales o estatales.

Estableció procedimientos de deportación sumaria para criminales que no son residentes y sin recursos de consideración.

1996-2000

Ley de 1996 Anti-Terrorismo y de pena de muerte efectiva

Estableció provisiones de deportación especiales para terroristas

Estableció procedimientos de exclusión sumarias para personas inadmisibles. Permite una revisión limitada para personas que articulan un miedo de persecución creíble.

Amplia los criterios de criterios de torpeza moral incluyendo a personas convictas de crímenes cuya sentencia puede ser de un año o mas.

Permite la deportación de personas no violentas al completar sus sentencias.

Amplía la definición de felonías agravadas incluyendo crímenes adicionales.

Illegal Immigration Reform, and Immigrant Responsibility ACT of 1996 (IIRIRA). Ley de reforma inmigratoria y responsabilidad del inmigrante de 1996.

Incrementa la aplicación de la ley incluyendo el establecimiento de un sistema de control de entradas y salidas para determinar el exceso de estadía en las visas; establecimiento de maquinas biométricas para leer tarjetas de cruce fronterizo; el derecho del procurador general para investigar y aprehender indocumentados; incremento sustancial de penas criminales por contrabando, fraude de documentos, re-entrada ilegal y empleo no autorizado relacionado con el contrabando; establecimiento de penas criminales para cualquiera (incluyendo notarios y abogados) que presentan una solicitud sin contener una base razonable legal o fáctica.

Establece nuevas y más amplias bases de inadmisibilidad

Cambia la prohibición actual de un año de exclusión a cinco y la prohibición de cinco años de deportación a 10.

Establece nuevas bases de deportación.

Redefine las felonías agravadas que incluye a todas las felonías como graves.

Sanciones a los empresarios.

Nicaraguan Adjustment and Central American Relief Act (NACARA) (1997). Ley de ayuda y ajuste nicaragüense y centro americano

Provee el ajuste de status de todos los nicaragüenses y cubanos presentes continuamente en Estados Unidos desde diciembre de 1995. Incluye cónyuges, niños e hijos e hijas no casados.

Nursing Relief for Disadvantaged Areas Act of1999. Ley de ayuda de enfermeras para zonas en desventaja

Otorga estatus H-1C para enfermeras trabajando en zonas con déficit de servicios de salud por tres años.

Le permite a los médicos que obtengan un perdón por interés nacional si trabajan en zonas con déficit de atención médica por cinco años.

Enmienda para la definición de niños adoptados.

Ley de competitividad americana del siglo XXI

Permite el uso de visas de trabajo sin utilizar para personas que vienen de países que rebasaron la cuota(e.g. India, China).

Ley para víctimas de tráfico y violencia 2000

Post-Sept. ll, 2001

Ley Patriota 2001

Triplica los inspectores de la patrulla fronteriza y del servicio de inmigración en la frontera norte.

Permite que el INS y DOS reciban información del la base de datos criminales del FBI.

Aumenta la definición de terrorismo incluyendo a grupos cuyo apoyo público al terrorismo afecta los esfuerzos de Estados Unidos para eliminar actividades terroristas.

Que las personas que solicitan fondos para organizaciones terroristas sean inadmisibles.

Permita el Procurador General detener personas por siete días antes de decidir si les acusa de terroristas.

El Procurador General y el departamento de Estado deben implementar un sistema de datos de entrada y salida en aeropuertos, puertos marítimos y puertos terrestres fronterizos.

Provee nuevas bases de inadmisibilidad si un oficial consular o el procurador general tienen causas para creer que esta involucrado en lavado de dinero.

Ley de seguridad fronteriza incrementada y de visas de entrada, 2002.

Requiere de los países que no usan visa a emitir pasaportes con pasaportes leíbles con maquina y con información biométrica e identificadores.

Requiere que el Procurador general emita autorizaciones de empleo a los refugiados inmediatamente a su arribo al país y a los asilados tan pronto se les otorgue el estatus de asilo.

Requiere que funcionarios escolares reporten a los estudiantes que no se presenten a clase en los treinta días posteriores a la fecha límite de inscripción.

Ley de Seguridad doméstica de 2002

Abolición del INS y sus funciones se pasan al Departamento de Seguridad Doméstica (DHS) o el Departamento de Salud y Servicios Humanos.

La ley de defensa nacional 2004.
Establece beneficios de inmigración y naturalización para personal militar y sus familias
Ley de reautorización para asistir a víctimas de tortura de 2003.
Ley de reforma de inteligencia y prevención del terrorismo de 2004.
Incrementa el espacio de detención y dirige al DHS para que de prioridad al incremento de espacio de detención para las personas acusadas de temas de seguridad y terrorismo.

Fuente: Kurzban's Immigration Law Sourcebook 1990.

Apéndice B.

Categorías de inmigrantes usadas comúnmente en el sistema judicial y de aplicación de la ley inmigratoria

Criminal alien. Un no ciudadano hallado culpable de un crimen

Nacido en el exterior (Foreign born). Cualquier persona nacida fuera de Estados Unidos excluyendo aquellos nacidos en el exterior de padres estadounidenses o nacidos en un área periférica de Estados Unidos.

Inmigrantes ilegales o alien ilegal. Alguien que esta ilegalmente en Estados Unidos. Este grupo se compone de aquellos que cruzaron la frontera sin inspección y aquellos que entraron legalmente pero excedieron los términos de su visa de entrada.

Inmigrante. Alguien que llega a Estados Unidos con la intención de quedarse.

Ciudadano naturalizado. Una persona que nació en el exterior y que exitosamente paso por el proceso de convertirse en ciudadano de Estados Unidos.

No ciudadano. Una persona que nació en el exterior y que no esta naturalizada como ciudadano de Estados Unidos. Estos pueden estar en el país legalmente o con una visa permanente o temporal (turista, negocios, estudiante) o estar en el país ilegalmente.

Residente permanente legal. Una persona nacida en el exterior que tiene una visa de residente permanente. Estas personas están en la ruta para ser elegibles para la ciudadanía.

Alien deportable/removible. Un no ciudadano que ha sido encontrado sin el estatus legal y elegible para la remoción. La condena por un crimen hace que el no ciudadano sea deportable aun si el o ella es un residente legal pero no naturalizado.

Trabajador indocumentado. Una persona nacida en el exterior que esta en el país ilegalmente o que entró legalmente pero realiza un trabajo que no esta permitido bajo los términos de su visa.

Fuente. Butcher y Piehl 2008.

Apéndice C. Cárceles del Grupo GEO y su ubicación geográfica

ALLEN CORRECTIONAL CENTER Kinder, Louisiana

ARIZONA STATE PRISON - FLORENCE WEST, Florence, Arizona

ARIZONA STATE PRISON - PHOENIX WEST, Phoenix, Arizona

AURORA ICE PROCESSING CENTER, Aurora, Colorado

BILL CLAYTON DETENTION CENTER, Littlefield, Texas

BRIDGEPORT CORRECTIONAL CENTER, Bridgeport, Texas

BRONX COMMUNITY RE-ENTRY CENTER, Bronx, New York

BROOKLYN COMMUNITY CORRECTIONAL CENTER, Brooklyn, New York

BROWARD TRANSITION CENTER, Deerfield Beach, Florida

CENTRAL ARIZONA CORRECTIONAL FACILITY, Florence, Arizona

CENTRAL TEXAS DETENTION FACILITY, San Antonio, Texas

CENTRAL VALLEY MEDIUM COMMUNITY CORRECTIONAL FACILITY,

McFarland, California

CLEVELAND CORRECTIONAL CENTER, Cleveland, Texas

DESERT VIEW MEDIUM COMMUNITY CORRECTIONAL FACILITY, Adelanto,

California

EAST MISSISSIPPI CORRECTIONAL FACILITY, Meridian, Mississippi

FORT WORTH COMMUNITY CORRECTIONS FACILITY, Fort Worth, Texas

FRIO COUNTY DETENTION CENTER, Pearsall, Texas

GEORGE W. HILL CORRECTIONAL FACILITY, Thornton, Pennsylvania

GOLDEN STATE MODIFIED COMMUNITY CORRECTIONAL FACILITY,

McFarland, California

GRACEVILLE CORRECTIONAL FACILITY, Graceville, Florida

GUADALUPE COUNTY CORRECTIONAL FACILITY, Santa Rosa, New Mexico

GUANTANAMO BAY (GTMO) MIGRANT OPERATIONS CENTER, FPO, AE 09593-

88

JEFFERSON COUNTY DOWNTOWN JAIL, Beaumont, Texas

KARNES CORRECTIONAL CENTER, Karnes City, Texas

LASALLE DETENTION FACILITY, Jena, Louisiana

LAWRENCEVILLE CORRECTIONAL CENTER, Lawrenceville, Virginia

LAWTON CORRECTIONAL FACILITY, Lawton, Oklahoma

LEA COUNTY CORRECTIONAL FACILITY, Hobbs, New Mexico

LOCKHART SECURE WORK PROGRAM FACILITIES, Lockhart, Texas

MARSHALL COUNTY CORRECTIONAL FACILITY, Holly Springs, Mississippi

McFARLAND COMMUNITY CORRECTIONAL FACILITY, McFarland, California

MONTGOMERY COUNTY DETENTION FACILITY, Conroe, Texas

MOORE HAVEN CORRECTIONAL FACILITY, Moore Haven, Florida

NEW BRUNSWICK YOUTH CENTRE, Miramichi, New Brunswick

NEW CASTLE CORRECTIONAL FACILITY, New Castle, Indiana

NEWTON COUNTY CORRECTIONAL CENTER, Newton, Texas

NORTH TEXAS INTERMEDIATE SANCTION FACILITY, Fort Worth, Texas

NORTHEAST NEW MEXICO DETENTION FACILITY, Clayton, New Mexico

NORTHWEST DETENTION CENTER, Tacoma, Washington

QUEENS DETENTION FACILITY, Jamaica, New York

REEVES COUNTY DETENTION COMPLEX R1 & R2, Pecos, Texas

REEVES COUNTY DETENTION COMPLEX R3, Pecos, Texas

RIVERS CORRECTIONAL INSTITUTION, Winton, North Carolina

SANDERS ESTES UNIT, Venus, Texas

SOUTH BAY CORRECTIONAL FACILITY, South Bay, Florida

SOUTH TEXAS DETENTION COMPLEX, Pearsall, Texas

SOUTH TEXAS INTERMEDIATE SANCTION FACILITY, Houston, Texas

TRI-COUNTY JUSTICE & DETENTION CENTER, Ullin, Illinois

VAL VERDE CORRECTIONAL FACILITY & COUNTY JAIL, Del Rio, Texas

WESTERN REGION DETENTION FACILITY AT SAN DIEGO, San Diego, California

Apéndice D

Artículo de Carlos Spector publicado en El Reto.

Carlos Spector
La tarjeta para cruce fronterizo o mica láser se ha convertido en un rasgo esencial y en una necesidad para la vida a lo largo de la frontera México-Estados Unidos. Sin una mica láser miles de ciudadanos mexicanos son incapaces de entrar a los Estados Unidos a realizar negocios, comercio, compras, o visitar a familiares y amigos.

Esta interacción es necesaria para la continuidad del desarrollo económico, social y familiar en las comunidades fronterizas. Posiblemente hay muy pocos mexicanos en la frontera que no tienen alguna liga de negocios o familiar en el lado estadounidense. Por lo tanto, la posesión de la mica láser es imperativa para el bienestar en las ciudades fronterizas de México y Estados Unidos.

Después del ataque del 11 de septiembre los consulados americanos en el mundo han incrementado de forma justificada las medidas para asegurar que los terroristas potenciales no entren al país.

Desafortunadamente, esta operación ha creado el contexto político en el cual bajo este celo los consulados americanos han superado sus estándares y entrado a una zona de decisión –ahora familiar- de abuso, falta de respeto y capricho. Un ejemplo muy claro es la sección de no-inmigrantes del Consulado de Juárez, en Chihuahua, México.

Las respuestas tensas y animosas por parte de los funcionarios consulares se han vuelto costumbre y legendarias. Generaciones de solicitantes mexicanos pueden atestiguar con horror las historias que presentan una conducta abusiva y repugnante. Sin embargo, en años recientes, se ha incrementado significativamente este abuso, así como el rechazo de los solicitantes de mica láser. Esto se debe en parte a la falta de entrenamiento de rendición de cuentas y a los años de abuso emocional y psicológico descontrolado de los solicitantes rechazados. No es suficiente para un oficial rechazar amablemente una solicitud y dar una explicación breve. Prefieren los rechazos que se acompañan con respuestas que van de "No tengo por qué explicarle nada" hasta "Sálgase o llamo a seguridad".
Irónicamente, la forma en que los solicitantes son rechazados es contraria a lo que establecen las reglas y procedimientos del Departamento de Estado.

El volumen 9 del manual del Departamento de Estado que regula y guía los asuntos consulares, en la sección 41.121 específicamente establece de manera inequívoca: "La forma en la que los solicitantes de visas se rechazan debe ser muy importante en las relaciones entre la oficina y el país anfitrión. Los oficiales consulares deben ser cuidadosos en no mostrarse insensibles y deben ser corteses todo el tiempo".

El fracaso del consulado americano para aplicar sus propios principios rectores afecta las relaciones entre Estados Unidos y México. De hecho, el abuso es tan profundo, que se ha desarrollado un movimiento social para enfrentarlo. Los esfuerzos diplomáticos y discretos de políticos mexicanos que incluyen a alcaldes, gobernadores, senadores y funcionarios consulares ha caído en oídos sordos. Por ello no queda otro remedio que enfrentar al consulado americano con la esperanza de crear un diálogo y apertura, así como verdadera buena voluntad para crear mecanismos internos de rendición de cuentas. Por ejemplo, cuando uno es maltratado, el oficial consular que ofende no es identificable; no portan un gafete identificador para poner una queja. Se requiere que cada quien lleve un gafete con su nombre, lo que no requiere una ley del congreso sino cambios burocráticos locales menores. Actualmente, la gente no tiene otra manera de quejarse más que hacerlo de la "güera pecosa" o la "morena gorda".

Más allá de la forma abusiva en que se niegan las visas, también existe un uso alarmante en la discrecionalidad, que llega a niveles de desdén para los valores americanos básicos, incorporados a las regulaciones del Departamento de Estado. Lo que se conoce como **Due process**, que es el aviso y la oportunidad que el individuo debe tener para responder a la negación o hacer alegatos, es un valor fundamental estadounidense que distingue a Estados Unidos de muchas dictaduras y países antidemocráticos en el mundo. Las reglas del Departamento de Estado reconocen esto y es por eso que el volumen 9 del manual de relaciones exteriores en su sección 41.121(b) estipula de manera relevante:
"El oficial que entrevista debe proveer una referencia legal precisa y de manera clara y amable explicar la ley sobre la que se basa, en términos legos…"

Esto se hace raramente. Por lo general, al solicitante se le niega la visa láser y si acaso, se le da una copia estándar sobre la negación para todos los casos. Por supuesto, esto se contrapone a las nociones básicas del juego justo, y a las reglas del Departamento de Estado. Más aún, esta negativa sin explicación o la habilidad para responder a información posiblemente incorrecta en las computadoras consulares ha llevado al resentimiento y la frustración de miles de solicitantes que cumplen con los requisitos para la entrada con visa de no inmigrante.

El consulado americano rutinariamente les niega la visa a individuos que han vivido en Ciudad Juárez, Chihuahua toda su vida, que trabajan en maquiladoras y nunca han violado las leyes de migración estadounidenses. La lógica es que no tienen solvencia económica. De nuevo, el manual de relaciones internacionales dice:
"… es esencial que al solicitante se le explique que la razón del rechazo es que no ha logrado persuadir a los funcionarios consulares de que volverá a su país".

El problema es que la mayoría de los funcionarios consulares no permiten hablar a los solicitantes y menos que puedan persuadir verbalmente o con evidencia documental. Frecuentemente, se rehúsan a leer los documentos presentados. Así, cuando a un solicitante se le niega la visa láser por falta de solvencia económica, tampoco se le dice cuánto debe ganar. El solo hecho que trabaje en cierta industria, o sea joven o soltera, con frecuencia es suficiente para que le nieguen la visa. El estereotipar a la gente está prohibido de una manera muy específica por el Departamento de Estado:
"Fijar un cierto perfil demográfico ("joven", "soltero", etc.) no es base para rechazar una visa". En la sección 214(b) se especifica que la negación debe

basarse sólo en el descubrimiento de circunstancias específicas del solicitante que no pudieron superar la presunción de convertirse en inmigrante, es decir, se encontraron motivos para pensar que el solicitante tiene intenciones de inmigrar a Estados Unidos. Las cartas de rechazo pueden ser un método efectivo para darle información al solicitante, pero sólo son otra opción.

Precioso pero inútil. Es precisamente el ser encasillados en ciertos estereotipos lo que caracteriza a muchos solicitantes rechazados.

Otro ejemplo del abusivo desprecio por la ley, al igual que por las familias, recae en los múltiples matrimonios entre ciudadanos mexicanos con estadounidenses o con residentes permanentes legales. Los funcionarios consulares rechazan a los solicitantes de mica láser si están casados con estadounidenses, si tienen hijos estadounidenses o cónyuges residentes, aunque no se haya solicitado una visa de residencia. En otras palabras, el Consulado Americano en Juárez castiga a los mexicanos por tener cónyuges, hijos o padres estadounidenses. El argumento es que la sección 214(b) de la Ley de Inmigración y Nacionalidad supone que todos los solicitantes de visa de no inmigrante son inmigrantes potenciales, lo que los previene de darles una visa láser. Sin embargo, esta es una suposición rebatible porque el solicitante puede demostrar que tiene suficientes lazos sociales y familiares en México que lo desaniman de quedarse en Estados Unidos. Esto es ostensiblemente alcanzable presentando evidencia documental sobre estos lazos. Pero de nuevo, los funcionarios consulares se rehúsan a revisar estos documentos. Como resultado de este proceso a una estudiante mexicana de medicina, de 25 años de edad, se le niega la visa por insolvencia económica. La estudiante vive con su padre, un abogado prominente y acaudalado de Juárez. Claramente, una aplicación razonable de la ley hubiera resultado diferente.

Con el fin de ocultar o facilitar el abuso, se ha negado el acceso a los abogados para que no puedan acompañar a sus clientes. Anteriormente podían acompañarlos, pero ¡no hablar! La razón oficial para negarle al solicitante el derecho a ser acompañado por su abogado, sin mordaza, es por un supuesto incidente de soborno de un abogado en Matamoros. Esto equivale a prohibirle a los clientes a entrar a una tienda porque hay robos ocasionales. Los funcionarios consulares argumentan que los abogados no pueden acompañar a sus clientes debido al tiempo y el espacio. Al parecer el consulado valora más el tiempo y el espacio que la justicia y la dignidad. Esta actitud recae en los empleados creando un sentimiento de impunidad. Durante mucho tiempo nada se ha hecho para corregir estas anomalías y es por eso que se formó la Organización Fronteriza de Rechazados de Visa Láser AC, a Favor de la Reunificación Familiar. Ellos han documentado en menos de dos meses más de 200 casos de abuso y están en proceso de organizar audiencias públicas. Actualmente ellos solicitan:
• Rendición de cuentas de empleados consulares.
• Un proceso efectivo de revisión y quejas.
• Reuniones regulares con funcionarios consulares para expresar preocupaciones.
• Un ombudsman dentro del consulado que observe la interacción del cliente con el consulado.

• Derecho a un abogado (que esté presente y pueda hablar).
• Razones específicas para el rechazo y la negación y una oportunidad razonable para responder.
• Aumento de entrenamiento de personal.

Ha llegado la hora de enfrentar colectivamente el abuso creciente de la sección no-inmigrante en el consulado en Juárez, Chihuahua, México. Las negaciones arbitrarias de visas continuarán deteriorando las relaciones Estados Unidos-México y animará la migración indocumentada.

Referencias

Aguinis, Marcos. 2003. **La gesta del marrano**, México D.F. Planeta.

Arau, Sergio. 2004. **A day without a Mexican**.

Baudassé, Tierry. 2007. México: Ensayo de definición de una visión francesa. En Schmidt, Samuel. 2007. **México visto desde lejos**. México D.F.: Taurus.

Bender, Edwin. 2000. **Private Prisons, Politics & Profits.** July 1. http://www.followthemoney.org/press/ZZ/20000701.phtml

Bernstein, Nina. 2008/ Few details on Immigrants who died in U.S. custody. **The New York Times.** Mayo 5.

Brané, Michelle y Christiana Lundholm, 2008. Human rights behind bars: advancing the rights of immigration detainees in the United States through human rights frameworks. **Georgetown Immigration Law Journal.** Vol. 22, No. 2. Winter.

Butcher, Kristin F. y Anne Morrison Piehl. 2008. Crime, corrections and California. **California Counts.** Volume 9, Num 3, February. HYPERLINK "http://catalog.loc.gov/cgi-bin/Pwebrecon.cgi?SC=Author&SEQ=20090716132726&PID=dLD5SgX vQQB2k61CiE8gK9cJa2J1&SA=Buchanan,+Patrick+J.+(Patrick+Joseph), +1938-"

Buchanan, Patrick J. 2006. **State of emergency : the Third World invasion and conquest of America**. New York: Thomas Dunne Books/St. Martin's Press

De Tocqueville, Alexis. 2003. **Democracia y pobreza**. Madrid, Trotta. Introducción de Antonio Hermosa.

Department of Homeland Security. 2009. **Removals involving illegal alien parents of United States Citizen children.** Washington. http://www.dhs.gov/xoig/assets/mgmtrpts/OIG_09-15_Jan09.pdf

Feltz, Renee y Stokely, Baksh. 2008. The business of detention. **Mother Jones**. Revisado en internet en la dirección: http://www.businessofdetention.com/about.php

Friedlander, Saul. 2007. **The years of extermination. Nazi Germany and the Jews 1939-1945.** New York: Harper Collins

García Zamora, Rodolfo. 2003. **Migración, remesas y desarrollo local. Zacatecas, Universidad de Zacatecas.**

Goldstein, Amy y Dana Priest. 2008. Some Detainees Are Drugged For Deportation. Immigrants Sedated Without Medical Reason. **The Washington Post.** (Mayo 14) http://www.washingtonpost.com/wp-srv/nation/specials/immigration/cwc_d4p1.html

Kennis, Andrew. 2004. **Mexicans Criticize U.S. Border Patrol's Use of Non-lethal? Guns Outrage erupted in Mexico recently over revelations that the Mexican government had secretly approved a US Border Patrol plan to use "non-lethal" chemical weapons against undocumented immigrants crossing the US-Mexico border.** http://newstandardnews.net/content/index.cfm/items/967

Kurzban, Ira J. 1990. **Kurzban's immigration law sourcebook : a comprehensive outline and reference tool.** Washington, D.C.: American Immigration Law Foundation

Londoño, Ernesto. U.S. Steps Up Deportation Of Immigrant Criminals. **The Washington Post**, feb 27, 2008. http://www.washingtonpost.com/wp-dyn/content/article/2008/02/26/AR2008022603705.html

Muzaffar Chishti y Claire Bergeron. 2008. Arizona Employer Sanctions Law Takes Effect. **Migration Policy Institute.** January 16. (http://www.migrationinformation.org/USfocus/display.cfm?id=6 69)

Ponce de León. 2008. Van por indocumentados en su regreso a México. **El Diario de El Paso.** Mayo 8.

Poppa, Terrence E. (1990). **Drug Lord: The Life & Death of a Mexican Kingpin - A True Story**, Pharos Books.

Rodríguez, Abelardo, 2008. **La urgente seguridad democrática.** México D.F.: Taurus.

Sánchez, Moisés. 2008. Desempolvan en la Interparlamentaria el tema migratorio. **La Crónica.** Junio 8. p. 3.

Schettino, Macario. 2007. **Cien años de confusión. México en el siglo XX**. México D. F.: Taurus.

Schmidt, Samuel. 2011. La derrota de Obama. **Revista de la Universidad de México**. Núm. 86. Abril.

_____. 1996. Detentions et deportation a la frontiere entre le Mexique et les Etats-Unis. **Cultures & Conflits**. Titulo del número de la revista íCirculer, Enfermer, Eloigner. Zones díattente et centres de rétention des démocraties occidentales.î No. 23.

Sefchovich, Sara. 2008. **País de Mentiras**. México D.F.: Grijalbo.

Uribe, Ana. 2009. **Mi México imaginado; telenovelas, televisión y migrantes.** México : El Colegio de la Frontera Norte : Universidad de Colima : M.A. Porrúa.

Wilder, Forrest. 2006. South Texas Hold 'Em. The immigration endgame. **The Texas Observer.**

Zizkek, Slavoj. 2008. The ambiguous legacy of '68. **In these times.** Julio.

Notas

[1] La octava enmienda establece que no se requiere una fianza excesiva, ni se impondrán multas excesivas, ni se inflingirán castigos inusuales y crueles.

[2] ~~Esta aseveración le costó el puesto a Adolfo Aguilar Zinzer como embajador de~~ impondrán multas excesivas, ni se inflingirán castigos inusuales y crueles.

[2] Esta aseveración le costó el puesto a Adolfo Aguilar Zinzer como embajador de México ante la Organización de las Naciones Unidas

[3] España aplicó el principio de aplicar ayuda económica a los países expulsores para frenar los flujos migratorios.

[4] Según Raúl Hinojosa el gobierno mexicano sabía que una de las consecuencias del Tratado de Libre Comercio expulsaría arriba de 10 millones de personas del país.

[5] WASP= white, anglo, saxon, protestant –blanco, anglo, sajón, protestante.

[6] Caso de Monreal, 23 I&N Dec.56 (BIA2001), Caso de Resinas, 23 I&N Dec 457 (BIA2002), Caso de Andazola 23 I&N Dec 319 (BIA2002).

[7] Un abogado criminalista nos comentó que con frecuencia las detenciones se dan como intercambio de un pez gordo que "compra" una reducción de su sentencia al entregar a un "camello" o alguien que transporta drogas. Ahí sí, sin duda, la sospecha está fundada, pero en otros casos, quién nos asegura que la "creencia" no hará pasar un mal momento a un inocente.

[8] I. Lewis (apodado "Scotter") Libby Jr., ex jefe de la oficina (chief of staff) del vice presidente Dick Cheney fue sentenciado a dos años y medio de prisión por perjurio, declaraciones falsas y obstrucción de la justicia durante la investigación sobre la filtración de la información sobre la identidad de la agente de la CIA Valerie Plane al columnista Robert Novak. Libby fue sentenciado a 30 meses de prisión y $250,000 de multa, así como a dos años de supervisión. Bush conmutó la sentencia de prisión, dejando la multa y la supervisión. Bush afirmó: "Respeto el veredicto del juez …He concluido que la sentencia de prisión para el señor Libby es excesiva, por lo tanto se la conmuto para que no sirva los 30 meses en prisión."

[9] En un hecho insólito Shawna Forde, lider de **Minutemen American Defense** fue sentenciada a muerte por el asesinato de dos residentes fronterizos en 2009, una niña de 9 años y su padre. En su defensa dijo que eran narcotraficantes, pero se demostró que entraron a robar.

[ß] Esto último ha provocado que un número creciente de jóvenes (se calcula en 2.1 millones) carezcan de la posibilidad de continuar estudios universitarios, para facilitarles este camino se ha promovido la **Dream act** que les daría condiciones de ciudadanos –incluyendo acceso a préstamos- pero el intento en 2011 por aprobarla fracaso por cinco votos.

[11] Immigration officials are increasingly scouring jails and courts nationwide and reviewing years-old criminal records to identify deportable immigrants, efforts that have contributed to a steep rise in deportations and strained the immigration court system (Londoño 2008).

[12] Respondiendo a una pregunta de Abelardo Rodríguez (2008: 389) Adolfo Aguilar Zinzer que fue embajador de México ante la ONU respondió: "Estados Unidos no nos da nada por subordinarnos a ellos, ¡nada! Históricamente, Estados Unidos no les da nada a los subordinados, les da a los países con los que tiene intereses comunes, pero a los países que están subordinados, no tiene interés común con ellos, simplemente la subordinación".

[13] "The U.S. government has injected hundreds of foreigners it has deported with dangerous psychotropic drugs against their will to keep them sedated during the trip back to their home country, according to medical records, internal documents and interviews with people who have been drugged.250 cases The Washington Post has identified in which the government has, without medical reason, given drugs meant to treat serious psychiatric disorders to people it has shipped out of the United States since 2003 -- the year the Bush administration handed the job of deportation to the Department of Homeland Security's new Immi-gration and Customs Enforcement agency, known as ICE. Goldstein y Priest 2008.

[14] Una mujer se decidió a utilizar el recurso de contestar American cuándo le preguntaron la nacionalidad, la descubrieron mintiendo, la deportaron, y entró por otros medios viviendo indocumentada hasta la fecha en el país.

[15] Feltz y Baksh (2008) también decidieron seguir el dinero y publicaron un maravilloso y muy esclarecedor reportaje sobre el negocio de las cárceles y la inmigración.

[16] No es inusual encontrar en la política estadounidense que las corporaciones hagan donativos a ambos partidos políticos, ya que de esta manera logran protección para sus intereses.

[17] Ver el caso de una redada en una planta de empaque de carne kosher en Iowa que provocó la quiebra de la ciudad al producir un gran desempleo, aunque "solamente" detuvieron a 389 indocumentados. http://www.upi.com/Top_News/2009/05/12/Immigration-raid-devastates-Iowa-town/UPI-82781242149778/

[18] La cifra del millón tampoco coincide con otras fuentes gubernamentales como por ejemplo el reporte de DHS (2009).

[19] Nos comentaba un colega español, en México siguen interesados en contar a los inmigrantes mientras que en Europa nos preocupan otras cuestiones sociales.

[20] Para el censo de 2010 hubo una postura que llamaba a no responder el censo. Es difícil estimar cual fue su impacto en el conteo final.

[21] Ante este tipo de planteamiento no falta quien sostenga que tiene un familiar o un amigo que gana 20 dólares la hora, lo que no es ciertamente el caso del promedio del inmigrante indocumentado.

[22] A una conclusión similar llega García Ramírez (2003).

[23] En una ocasión Schmidt (1996) entrevistó al director del INS para el distrito de El Paso para un artículo sobre asilo político. El funcionario se hizo acompañar de dos abogados y cuando entre al tema de asilo y mencione el nombre de Poblano quien estaba asilado en El Paso, ambos abogados se pusieron en guardia y de inmediato respondieron:

- Es narcotraficante.
- ¿Tienes pruebas que lo es?, agregue yo.
- No
- Entonces no es.

El director terminó el intercambio y proseguimos con la entrevista.

[24] Recientemente una cubana nos contaba como agentes inmigratorios en Estados Unidos trataban de convencerla que solicitara asilo político mientras que ella solamente quería una visa de no inmigrante.

[25] Rodríguez (2008: 144) dice: "Con la ratificación del TLCAN, en la perspectiva de Estados Unidos, México era una nación moderna y un sistema democrático".

[26] El asilo se aplica a las personas que no pueden o quieren regresar a sus países de origen por la persecución o un miedo bien fundado de persecución debido a su raza, religión, nacionalidad, membrecía en un grupo social particular o por sus opiniones políticas.

[27] Rumbo a Canadá, ola migratoria mexicana. Recibe mil 929 peticiones de asilo de enero a marzo, **El Financiero**, 26 de mayo de 2008.

[28] Tomamos el concepto de Baudassé (2007), que aunque lo refiere a América Latina, creemos que se aplica bien a Estados Unidos

[29] El día del trabajo es el primer domingo de septiembre, de esa manera Estados Unidos se desmarca del contenido ideológico que tiene la celebración en el resto del mundo.

[30] Le agradecemos al Prof. David Hayes-Bautista (UCLA) que nos haya mostrado los resultados de un estudio donde el Diario La Opinión (Los Ángeles) da imágenes positivas de los migrantes, mientras que Los Angeles Times hace exactamente lo contrario.

[31] No solamente ha entrenado y apoyado a algunos de los peores dictadores del mundo desde Pinochet hasta Sadam Hussein, sino que fueron tolerantes con Hitler.

[32] Hay un debate muy interesante entre ciertas fuentes latinas, no se puede votar por los republicanos porque serían peores que los demócratas que no cumplen promesas , mientras mantienen la esperanza de algún día presionar a los demócratas para que cumplan con las expectativas de la comunidad latina, especialmente la reforma migratoria (ver Schmidt 2011 sobre la imposibilidad de tal reforma en el corto plazo).

[33] La categoría 1 incluye a hijos no casados de ciudadanos. La categoría 2A incluye a esposas e hijos(as), la 2B a hijos(as) no casados mayores de 21 años. La categoría 3 son hijos(as) casados de ciudadanos y la categoría 4 a hermanos(as) de ciudadanos adultos.

[34] Fue penoso que Vicente Fox aceptara remover a la cónsul general en Denver por la protesta del gobernador que se quejó que la funcionaria defendía a indocumentados.

157

[35] Dice Antonio Hermosa en su introducción a De Tocqueville,(2003) que Inglaterra alumbró el asistencialismo, esa doctrina y prácticas sociales que confiere al pobre un derecho a que la sociedad provea sus necesidades (p.19) y anota que Tocqueville considera que el asistencialismo "se debe a su poder para abrogar la libertad de circulación del pobre... ya que para reclamar el derecho a ser asistido es crucificarse de manera voluntaria a un determinado trozo de tierra (p. 23)... Toda medida que funde la asistencia legal sobre una base permanente y le dé una forma administrativa crea, pues, una clase ociosa y perezosa que vive a expensas de la clase industrial y trabajadora. El derecho que tiene el pobre a obtener los auxilios de su comunidad tiene esto de particular: que en lugar de elevar el corazón del hombre, lo rebaja (p. 67)... el resultado inevitable de la asistencia legal consistía en mantener en la ociosidad al mayor número de pobres... si esa ociosidad, digo, ha sido la madre de tantos vicios" (p. 69)

[36] Conocimos el caso de un oncólogo infantil que volvió a México para regresarse a Estados Unidos porque en México no se contaba con medicinas para tratar a sus pacientes y estudiar los casos.